Gesellschaftslehre

Herausgegeben von
Georg Kaiser

Geschrieben von
Bettina Bogenrieder
Frank Eichhorn
Philipp Gillmann
Georg Kaiser
Angela Mand
Christiane Rein
Wilhelm Sommer
Renate Teepe

Unter Mitarbeit der Verlagsredaktion

Schroedel

Stark in Gesellschaftslehre
Schülerband 2

Herausgegeben von
Georg Kaiser

Geschrieben von
Bettina Bogenrieder
Frank Eichhorn
Philipp Gillmann
Georg Kaiser
Angela Mand
Christiane Rein
Wilhelm Sommer
Renate Teepe

Unter Mitarbeit der Verlagsredaktion

© 2001 Bildungshaus Schulbuchverlage
Westermann Schroedel Diesterweg Schöningh
Winklers GmbH, Braunschweig
www.schroedel.de

Das Werk und seine Teile sind urheberrechtlich geschützt. Jede Nutzung in anderen als den gesetzlich zugelassenen Fällen bedarf der vorherigen schriftlichen Einwilligung des Verlages. Hinweis zu § 52 a UrhG: Weder das Werk noch seine Teile dürfen ohne eine solche Einwilligung gescannt und in ein Netzwerk eingestellt werden. Dies gilt auch für Intranets von Schulen und sonstigen Bildungseinrichtungen.
Auf verschiedenen Seiten dieses Buches befinden sich Verweise (Links) auf Internet-Adressen.
Haftungshinweis: Trotz sorgfältiger inhaltlicher Kontrolle wird die Haftung für die Inhalte der externen Seiten ausgeschlossen. Für den Inhalt dieser externen Seiten sind ausschließlich deren Betreiber verantwortlich. Sollten Sie bei dem angegebenen Inhalt des Anbieters dieser Seite auf kostenpflichtige, illegale oder anstößige Inhalte treffen, so bedauern wir dies ausdrücklich und bitten Sie, uns umgehend per E-Mail davon in Kenntnis zu setzen, damit beim Nachdruck der Verweis gelöscht wird.

Druck A [9]/ Jahr 2009
Alle Drucke der Serie A sind im Unterricht parallel verwendbar.

Umschlaggestaltung: Kochinke, Holle
Innenlayout: creativ design, Hildesheim
Satz und Repro: More*Media* GmbH, Dortmund
Druck und Bindung: westermann druck GmbH, Braunschweig

ISBN 978-3-507-**36014**-3

Liebe Schülerinnen und Schüler!

Diese Zeichen findet ihr vor den Aufgaben oder an anderen Stellen im Buch. Sie bedeuten:

 Arbeitet mit einer Partnerin, einem Partner oder in einer Gruppe.

 Schreibt etwas auf.

 Macht etwas mit euren Händen, z. B. etwas ausschneiden.

 Entnehmt der Seite (Text oder Bild) Informationen. Manchmal müsst ihr Informationen aus anderen Quellen beschaffen: Zeitschriften, Atlas, Internet etc.

 Sammelt Informationen auch außerhalb des Klassenzimmers.

 Macht ein Rollenspiel, spielt Theater.

 Diskutiert zum angesprochenen Thema. Bildet euch eine eigene Meinung.

 Hier findet ihr einen geschichtlichen Text aus früherer Zeit.

 Der Notizzettel in der Randspalte enthält Worterklärungen oder zusätzliche Informationen.

Kandidat: Bewerber um ein Amt

Inhaltsverzeichnis

Endlich auf eigenen Füßen ... 8
- Eine eigene Wohnung ... 10
- Wohnungssuche in der Zeitung ... 12
- Eine Mietwohnung – zu teuer? ... 14
- Wir richten unsere Wohnung ein ... 16
- Wohnungswechsel ... 18
- Wo bleibt mein Geld? ... 20
- „Kredit, … damit kann ich mir alles leisten." ... 22
- Schulden – und was dann? ... 24
- Versicherungen – muss das sein? ... 26
- Ein Auto – kann ich mir das leisten? ... 28
- **Kompakt: Ein Quiz für helle Köpfe** ... 29

Miteinander leben ... 30
- Zwei (un-)gleiche Familien ... 32
- Verantwortung füreinander ... 34
- Ausländische Mitbürger in Deutschland ... 36
- Gewalt in der Familie ... 38
- Gewalt im Alltag ... 40
- Susanne T.: Mein Leben auf der Straße ... 42
- **Kompakt** ... 43

Von der Neuen Welt zu den USA ... 44
- Auf der Suche nach Gold ... 46
- Das Pferd verändert das Leben der Indianer ... 48
- Amerika – Land der Hoffnung ... 50
- Ein neuer Staat entsteht ... 52
- Menschenraub in Afrika ... 54
- Pflanzen erobern die Welt ... 56
- **Kompakt** ... 57

Von der Reformation zum Dreißigjährigen Krieg ... 58
- Das Geschäft mit der Angst ... 60
- Martin Luther kritisiert die Kirche ... 62
- Die Bauern fordern die Freiheit ... 66
- **Projektidee: Ein Puppenspiel zum Bauernkrieg** ... 68
- Der Dreißigjährige Krieg ... 70
- Hexenjagd ... 72
- Neuigkeiten verbreiten sich immer schneller – der Buchdruck wird erfunden ... 74
- **Kompakt** ... 75

Unsere Freizeit 76
Unsere Freizeit 78
Elektronische Medien 80
Freizeit mit Risiken und Nebenwirkungen 82
Hier arbeiten Leute in ihrer Freizeit 84
Römischer Freizeitkurier 86
Zeit für Umweltschutz 88
Kompakt: Die Freizeit-Rätselschnecke 89

Arbeit hat viele Gesichter 90
Das Betriebspraktikum – Aus Erfahrungen lernen 92
Ich muss mich entscheiden 94
Willkommen im Betrieb 96
Was ist ein Betrieb? 98
Brutto ist nicht gleich netto 100
Ist der Lohn gerecht? 101
Frauenberufe – Männerberufe? 102
Dampfmaschinen 104
Die soziale Frage 106
Lösungsversuche 107
Arbeitslosigkeit 108
Kinderarbeit 110
Kompakt 111

Auf dem Weg zur Demokratie 112
Der König regiert allein 114
Der Dritte Stand schafft eine neue Ordnung 116
Die Bürger erklären die Menschenrechte 118
Der Terror regiert in Frankreich 120
Napoleon herrscht in Europa 122
Auch die Deutschen machen eine Revolution 124
Kinder im Kaiserreich 128
Die europäischen Großmächte rüsten auf 130
Ein Mord löst den Weltkrieg aus 132
Männer und Frauen erleben den Kriegsalltag 134
Die Zeiten ändern sich – die Kleidung auch 136
Kompakt 137

Von der Demokratie zur Diktatur ... 138
November 1918: Niederlage und Neuanfang ... 140
Die Republik hat einen schweren Start ... 142
Männer und Frauen: grundsätzlich gleichberechtigt? ... 144
Die Weimarer Republik ist am Ende ... 146
Adolf Hitler wird Reichskanzler ... 148
Mädchen und Jungen unter dem Hakenkreuz ... 150
Im Hitler-Staat werden Menschen verfolgt ... 152
Nur wenige setzen sich zur Wehr ... 154
Es ist Krieg ... 156
Krieg in Europa ... 157
Deutschland will die Sowjetunion beherrschen und ausbeuten ... 158
Konzentrationslager – Tod durch Arbeit ... 160
Die Ermordung der europäischen Juden ... 162
Die Auschwitz-Leugner ... 164
Kompakt: Wir fertigen eine Zeitleiste ... 165

Deutschland von 1945 bis heute ... 166
Nach dem Krieg ... 168
Der Kampf um Ideen beherrscht die Welt ... 170
1961: Die Mauer wird gebaut ... 172
Das Ende der DDR ... 174
Zehn Jahre danach – vieles ist anders geworden ... 176
Kompakt ... 177

Leben in der Demokratie ... 178
Politik: was geht mich das an? ... 180
Alle Menschen haben Rechte! ... 182
Rechtsradikalismus in Deutschland ... 184
Demo ... was? ... 186
In Deutschland wird die Macht geteilt ... 188
Der Staat hat viele Aufgaben ... 190
„... wieder eine Anzeige" ... 192
Erziehen und strafen ... 194
Projektseite: Im Paradies? ... 196

Eine Reise durch EUROPA – komm mit! ... 198
Deutschland und seine Nachbarn ... 200
Europa ... 201
Gemeinsam geht es besser – die europäische Einigung ... 202

Europa verändert sich 204
Karten lesen – Der Maßstab 206
Leben an der Nordseeküste – Sven aus Norddeutschland 208
Leben im Hochgebirge – Urs aus der Schweiz 210
Leben in Skandinavien – Liv aus Norwegen 212
Leben in der Großstadt – Nicole aus Paris 214
Traumurlaub? 216
Kompakt: Das Europa-Quiz 217

Orientieren auf der Erde 218
Der Planet Erde 220
Die Erde ist eine Kugel 222
Unser Wetter 224
Klimazonen auf der Erde 226
Leben in der Wüste 228
Erdöl – das schwarze Gold 230
Gold aus Südafrika 232
Die Erde – eine Welt? 234
Die Vereinten Nationen 236
Kompakt: Eine Reise zu den „Weltrekorden" 237

Personen- und Sachverzeichnis 238

Lohn- und Gehaltsabrechnung (gilt als Verdienstbescheinigung)

	Euro
Für Günter W.	
	1.533,88 €
	26,59 €
Lohn	1.560,47 €
VL (Vermögenswirksame Leistung)	
Bruttoverdienst	
	– 167,87 €
Abzüge:	– 15,11 €
Lohnsteuer	– 9,23 €
Kirchensteuer	– 105,33 €
Solidaritätszuschlag	– 13,26 €
Krankenversicherung	– 150,59 €
Pflegeversicherung	– 50,72 €
Rentenversicherung	1.048,36 €
Arbeitslosenversicherung	– 26,59 €
	1.021,77 €
abzgl. Überweisung VL	
Auszahlung	

Wohnung zu vermieten

Ab sofort ist in Mönchengladbach, Oskar-Kühlen-Straße 2, 3. Etage eine

3-Zimmer-Wohnung

mit Küche, Diele, Balkon, Bad und Toilette, insgesamt 92 qm, zu vermieten.

Die Miete beträgt:	517,- €
Heizkostenvorauszahlung:	50,- €
	567,- €

Auskunft erteilt Frau Uhl
Telefon-Nr. 02 11/12 55
Innen- und Immobilienverwaltung

Eine eigene Wohnung

Petra, Judith, Christian, Stefan und Sven sitzen in der Jugendkneipe TREFF X zusammen. Petra hatte sich zu Hause mal wieder geärgert: „Also am liebsten möchte ich sofort zu Hause ausziehen." Sie hat zur Zeit einen Job in der Fabrik, ihren gesamten Lohn möchte sie nicht nur für die Miete ausgeben. „Warum eigentlich nicht?", fragt Judith, die eine Ausbildung macht, „wenn man sich zusammentut, kann man auch mit wenig Geld eine schöne Wohnung mieten. Petra, was meinst du, wir beide in einer Wohnung? Denn mir fällt zu Hause auch die Decke auf den Kopf."

Sven, der mitgehört hat, meint: „Also wenn ich eine Wohnung habe, dann nur für mich allein. Lieber warte ich dann noch ein bisschen." „Dann kannst du aber lange warten. Ich suche mir eine Wohnung zur Untermiete, sobald ich Geld verdiene. Ein Zimmer reicht!", meint Stefan.

Schließlich mischt sich auch noch Christian ein: „Also am billigsten ist es immer noch im Hotel Mama. Da brauche ich keinen Pfennig Miete zu bezahlen."

 1. Welche Formen des selbstständigen Wohnens werden in dem Gespräch genannt?

 2. Schreibe Vorteile und Nachteile des selbstständigen Wohnens auf.

 3. Wie leben junge Leute zwischen 18 und 30 Jahren in deiner Umgebung bzw. aus deinem Bekanntenkreis? Beschreibe Vorteile, aber auch Schwierigkeiten.

Judith und Petra haben sich nach diesem Gespräch noch einige Male getroffen. Jetzt sind sie sich einig: Sie wollen möglichst bald eine Wohngemeinschaft gründen und für sich eine passende Wohnung mieten.

Von allen Seiten bekommen sie unterschiedliche Ratschläge. Heute schauen sie sich zwei Wohnungen an, die in der Nachbarschaft frei werden. Beide sind etwa gleich groß. Die eine kostet 450,- €, die andere 240,- € und ist eine Sozialwohnung.

Nachdem Petra und Judith sich die beiden Wohnungen angesehen haben, merken sie, dass es noch viele Fragen gibt, die sie vorher klären müssen.

Auf einem Zettel schreiben sie alles auf, was ihnen einfällt.

Sozialwohnung: Ist eine Wohnung, die mit öffentlichen Geldern gefördert ist. Nur Personen mit geringem Einkommen sind berechtigt, eine solche Wohnung zu mieten

1. Erstell eine Tabelle, in der du verschiedene Möglichkeiten der Wohnungssuche auflistest. Schreibe auf, was du jeweils tun musst und was du gegebenenfalls bezahlen musst.

Wohnungssuche durch . . .	Das muss ich tun	Kosten ja / nein

2. Schreibe Fragen auf, die sich Petra und Judith auf ihrem Zettel notieren. Versuche diese Fragen nach ihrer Wichtigkeit zu ordnen.

12 ••• Wohnungssuche in der Zeitung

Anderten, Gollstraße 61, DG, 3 Zi., Kü., Bad, Kabel-TV, 72,14 m², 332,– € + Nk, WBS erforderlich, keine MS.
KSG Kreissiedlung Hamm, Tel.: 86 04 – 2 24 (Fax 100), Mo – Fr ab 9 Uhr

Limmer, 1-Zi.-Whg., ca. 50 m², EBK, von privat, KM 204,– € + 97,– € NK, ☎ 2 10 99 52

Hübsche, ruhige 2-Zi.-Whg., Blk., 60 m², EBK, Sahlkamp, 409,– € WM, ☎ 6 04 13 67

Letter, in schöner Wohnanlage 2-Zi.-Whg., EG, Terrasse, Teppichboden, Außenjalousien, ca. 67 m², 413,– € + NK/HK, 3 MM MS, ab 01.12. o. später (ohne Provision)
Tel. 48 70 9-15
ab Montag

Am Stadtpark von Langenhagen
3 Zi-Whg. 2 OG. mit Balkon, 81 m², Kü., Bad mit Fenster, Gäste-WC 416,– € + NK/MS, keine Provision. B-Schein erforderlich.
WohnService, Tel. 30 12 59 59

WOHNEN in Badenstedt
Burgundische Str. 5, 2-Zi.-Whg., 63,10 m², 2. OG re., mit Küche, Bad, Balkon
Miete: 387,– € + NK
Reichsbund Wohnungsbau GmbH, Frau Taudien, Tel. 4 96 02 31, Lehmannstr. 1,
www.reichsbundwohnungsbau.de
Reichsbund Wohnungsbau

Petra und Judith lesen am Wochenende die Tageszeitung und das kostenlose Anzeigenblatt. Auch hier suchen sie im Anzeigenteil nach Mietwohnungen.

Vor lauter Abkürzungen können sie die Anzeigen kaum lesen.
Mithilfe von Freunden und Eltern lernen sie die Abkürzungen zu entziffern.

Abkürzungen auf einen Blick

Du	= Dusche		NK	= Nebenkosten
DG	= Dachgeschoss		NR	= Nichtraucher
EBK	= Einbauküche		TG	= Tiefgarage
EG	= Erdgeschoss		VB	= Verhandlungsbasis
ETH	= Etagenheizung		WBS	= Wohnberechtigungsschein
HK	= Heizkosten		Wfl	= Wohnfläche
HZ	= Heizung		WG	= Wohngemeinschaft
KB	= Küche, Bad		WM	= Warmmiete
KM	= Kaltmiete		ZKDB	= Zimmer, Küche, Diele, Bad
MS	= Mietsicherheit			

1. Lies die Anzeigen und schreibe die Abkürzungen aus.

2. Warum werden Anzeigen wohl mit so vielen Abkürzungen geschrieben?

3. In welchem Bereich der Zeitungen findet man in der Regel die Mietangebote?

4. Sammle aus verschiedenen Zeitungen die Mietangebote für 1 – 2-Zimmerwohnungen und vergleiche Größe, Preis, Ausstattung usw.

5. Suche im Internet nach Wohnungsanzeigen.

Wohnungsmarkt Gesuche

Altenpflegerin in festem Arbeitsverhältnis su. 2-3 Zi.-Whg. in der Südstadt od. Umgebung, bis 332,– € KM, z. 1.3.2001, ☎ 25 09

2 jg. Handwerker suchen baldmögl. günst. 2-Zi-Whg. in Hann.-Mitte, auch renov. bedürftig ☎ 1 39 29 96

Parterre-2-Zimmer-Wohnung, Südstadt/List, zum 1.4. o. 1.7. gesucht. ✉ Y 1 162 642

Bothfeld/Misburg, 3-Zi.-DG-Whg. mit eigenem Garten zum 1.2.01 oder später gesucht. ☎ 4 39 12 40

Der Immobilienteil einer Zeitung enthält alle Wohnungsanzeigen. Hier finden Judith und Petra auch zahlreiche Mietgesuche. Bisher haben sie noch keine geeignete Wohnung gefunden. Daher entschließen sie sich, auch eine Anzeige aufzugeben.

Bei der Zeitung erhalten sie ein Formular, in dem sie ihren Anzeigentext eintragen.

Sie suchen eine Wohnung mit 2 Zimmern, einer Küche, einer Diele, einem Bad und WC. Die Wohnung sollte ca. 50 – 60 qm groß sein und zentral liegen. Beide möchten nicht allzu weit laufen, wenn sie morgens zur Arbeit gehen.

 1. Wie sieht die Anzeige von Judith und Petra aus? Schreibe den Anzeigentext so, wie er nachher vermutlich in der Zeitung abgedruckt wird.

 2. Besorge dir von einer Zeitung einen Vordruck für Mietanzeigen.

 3. Fülle diesen Vordruck (Kleinanzeigencoupon) aus für eine Wohnung nach deinen Wünschen.

 4. Wie hoch sind die Kosten für eine Kleinanzeige in der Tageszeitung und im Anzeigenblatt?

 5. Gibt es in eurer Stadt eine Mitwohnzentrale? Erkundige dich, welche Aufgaben sie hat?

14 ••• Eine Mietwohnung – zu teuer?

Der Wohnberechtigungsschein (WBS-Schein)	
ist abhängig	• vom Familieneinkommen • von der Dringlichkeit
berechtigt	• zum Wohnen in Sozialwohnungen, also Wohnungen, die mit öffentlichen Geldern gefördert werden • das Sozialamt hat bei der Vergabe Mitspracherecht

Auf ihre Anzeige erhalten Petra und Judith eine Reihe von Anrufen und Zuschriften. Schließlich entscheiden sie sich für eine Wohnung. Doch es gibt eine Bedingung: Die Wohnung ist eine Sozialwohnung und man benötigt einen Wohnberechtigungsschein (WBS). Am nächsten Tag geht Petra zur Stadtverwaltung und erkundigt sich.

Die Mitarbeiterin erklärt ihr die Bedingungen: Obwohl Judith und Petra im rechtlichen Sinne keine Familie darstellen, erhalten sie als Wohngemeinschaft eine Freistellung. Das Gehalt von beiden wird zusammengezogen.

Dafür müssen sie beide genaue Angaben über ihr Einkommen machen. Auch mit der Wohnungsgröße von 62 qm gibt es keine Probleme; denn für zwei Personen darf eine Sozialwohnung ca. 60 qm betragen. Sobald sich ihre finanzielle Situation verändert, sind die beiden verpflichtet, sich noch einmal bei der Stadtverwaltung zu melden, um ihr neues Einkommen mitzuteilen.

Eine andere Möglichkeit, Unterstützung bei der Finanzierung einer Wohnung zu erhalten, ist das Wohngeld. Wohngeld ist abhängig von dem Einkommen, Miethöhe und der Anzahl der Familienmitglieder.

1. Besorge dir bei der Stadt- oder Gemeindeverwaltung Informationen über Wohnberechtigungsscheine bzw. Wohngeld.

2. In welchen Ämtern der Stadt oder Gemeindeverwaltung musst du den Antrag auf Wohngeld bzw. den Antrag auf einen WBS stellen?

3. Wie lange hat ein WBS Gültigkeit?

Mietvertrag für Wohnungen
Auszug

§ 1 – Mietsache
1. Vermietet werden im Hause Goethestraße 54, 3. Etage links: 2 Zimmer, 1 Küche, 1 Flur, 1 Bad incl. WC, 1 Kellerraum.
2. Dem Mieter werden für die Mietzeit folgende Schlüssel ausgehändigt: 2 Haustürschlüssel, 2 Wohnungsschlüssel, 2 Kellerraumschlüssel, 2 Kellerschlüssel.
3. Die Gesamtzahl der Personen, die die Wohnung beziehen werden, beträgt zwei. Der Mieter ist verpflichtet, seiner gesetzlichen Meldepflicht nachzukommen.

§ 2 – Mietzeit
1. Das Mietverhältnis beginnt mit dem 1. 11. 2001, es läuft auf unbestimmte Zeit. Die gesetzlichen Kündigungsfristen sind einzuhalten.

§ 3 – Miete und Nebenkosten
1. Die Miete beträgt 317,– € und ist immer zum 1. des Monats zu zahlen.
2. Die Nebenkosten für Strom, Gas, Wasser werden mit dem Versorgungsunternehmen vom Mieter direkt abgerechnet.
3. Kosten für Müllabfuhr, Straßenreinigung, Schornsteinfeger werden anteilig auf die einzelnen Mietparteien im Hause umgelegt und durch eine jährliche Zahlung vom Mieter ausgeglichen. Der Vermieter legt den Mietern eine detaillierte Gesamtrechnung vor.
4. Schönheitsreparaturen in der Wohnung gehen ausschließlich zu Lasten des Mieters.
5. Der Vermieter ist berechtigt die Zustimmung zur Erhöhung des Mietzinses nach Ablauf eines Jahres zum Zwecke der Anpassung an den allgemein ortsüblichen Mietspiegel zu verlangen.

§ 9 – Benutzung der Wohnung, Untervermietung und Tierhaltung
1. Ohne vorherige schriftliche Zustimmung des Vermieters dürfen Miträume nicht zu anderen als zu Wohnzwecken benutzt werden.
2. Untervermietung oder sonstige Gebrauchsüberlassung oder Teilen davon an Dritte darf nur mit schriftlicher Einwilligung des Vermieters erfolgen.
3. Für jede Tierhaltung, insbesondere von Hunden und Katzen, jedoch mit Ausnahme von Ziervögeln und Zierfischen, bedarf es der schriftlichen Zustimmung des Vermieters. Der Mieter haftet für alle durch die Tierhaltung entstandenen Schäden.

§ 23 – Hausordnung
Der Mieter erkennt die Hausordnung als für ihn verbindlich an. Ein Verstoß gegen die Hausordnung ist ein vertragswidriger Gebrauch des Mietgegenstandes. Bei schwerwiegenden Fällen kann der Vermieter nach erfolgloser Abmahnung das Vertragsverhältnis ohne Einhaltung einer Kündigungsfrist kündigen.

§ 24 – Reinigung der Treppen und des Hausflurs
1. Der Mieter übernimmt die Verpflichtung, die Treppenreinigung von seinem Podest abwärts bis zum nächsten Podest sowie die Reinigung des Hausflures einschließlich Schneeräumung und Streuung bei Glatteis im wöchentlichen Wechsel mit den anderen Mietern kostenlos und ohne Anspruch auf Mietminderung zu übernehmen.

1. Lies dir den Auszug aus dem Mietvertrag durch. Erstell eine Liste mit Pflichten des Mieters und des Vermieters.

Pflichten des Vermieters	Pflichten des Mieters
Vorlegen einer Gesamtrechnung über Müllabfuhr, Straßenreinigung, ...	*Gesetzliche Meldepflicht*

2. Besorge dir im Schreibwarengeschäft einen Mietvertrag. Lies ihn durch. Streiche Absätze an, die du nicht verstehst.

3. Versuche diesen Mietvertrag für eine bestimmte Wohnung auszufüllen.

4. Suche die Adresse und Telefonnummer des Mieterschutzbundes heraus. Erkundige dich, welche Aufgaben er wahrnimmt.

16 ●●● Wir richten unsere Wohnung ein

Der Traum ist wahr geworden: Petra und Judith haben eine Wohnung gefunden. Doch zunächst sind es nur leere Räume. Welche Möbel? Wie viel Geld steht zur Verfügung? Wer bezahlt was? Welche Möbel haben überhaupt Platz? Die Wohnung muss noch mithilfe von Freunden renoviert werden? Wie teuer sind Farben, Tapeten usw.? Zunächst messen die beiden die Wohnung aus und zeichnen sie auf Millimeterpapier auf. Dabei entspricht 1 m in der Wohnung 2 cm auf dem Millimeterpapier.

Die Möbel, die Petra von zu Hause mitnehmen kann, werden ebenfalls ausgemessen und aufgezeichnet. Gemeinsam überlegen sie, wo sie die Möbel am besten hinstellen. Nachdem sie wissen, wie groß die Wände und die Decken sind, können sie auch ausrechnen, wie viel Farbe, Pinsel, Spachtel usw. sie einkaufen müssen. Sie stellen eine Einkaufsliste mit Preisen auf. Glücklicherweise helfen ihnen Freunde aus, die auch Leitern, Eimer und anderes Zubehör mitbringen.

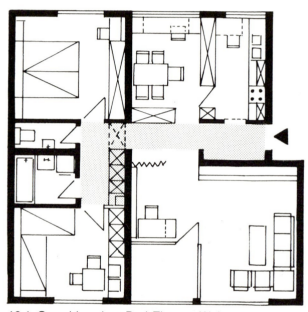

16.1 Grundriss einer Drei-Zimmer-Wohnung.

 1. Ein Zimmer ist 4 m lang und 2,50 m breit. In diesem Zimmer soll ein Teppichboden verlegt werden. Rechne aus, wie viel qm Teppich benötigt werden.

 2. In einer Wohnung müssen in einem Zimmer 30 qm Wandfläche gestrichen werden. Wie viel Farbe benötigt man? Erkundige dich im Baumarkt.

 3. Was muss Petra tun, wenn sie in die neue Wohnung zieht? Erstellt eine Liste.

 4. Zeichne den Grundriss deiner Traumwohnung.

Judith besorgt sich neue Möbel. Sie überlegt, mit welchen Möbeln sie ihr Zimmer einrichten soll.

Auch für die gemeinsame Küche benötigen die beiden noch einen Küchentisch, einen Kühlschrank, einen Schrank und mindestens zwei Küchenstühle. Für ihr Zimmer möchte sie ein Schlafsofa, einen kleinen Tisch, einen Sessel, einen Kleiderschrank und einen Fernseher.

Nachdem sie mit Petra einige Möbelkataloge durchgeblättert hat, merkt sie sofort: Neukaufen ist zu teuer! Von ihren Eltern erhält sie Tipps für einen günstigen Einkauf.

17.1 Leere Küche.

17.2 Tipps für günstigen Einkauf.

1. Vergleiche den Preis z. B. eines Möbelstückes, das du in einem Möbelhaus einkaufst, in einem Second-Hand-Laden, auf einem Trödelmarkt oder mithilfe eines Anzeigenblattes.

2. Welche Nachteile können entstehen, wenn du Möbel oder Elektrogeräte auf dem Trödel oder über eine Anzeige privat kaufst?

3. Wo gibt es in deiner Gegend Geschäfte oder Märkte, in denen man günstig einkaufen kann? Schreibe auf.

4. Erstell eine Liste mit notwendigem Haushaltsgerät. Erkundige dich in deiner Familie oder in der Schule.

18 ••• Wohnungswechsel

Der Umzug

18.1 Den Mietvertrag kündigen, mit einem festgelegten Zeitpunkt.

18.3 Die Wohnung besenrein verlassen.

18.2 Den Umzug planen: Lastwagen mieten, Umzugskartons oder Umzugsunternehmen.

18.4 Die neue Wohnung renovieren.

GEZ: Gebühreneinzugszentrale. Die Gebühren für Rundfunk und Fernsehen werden hier abgebucht

Nach dem Umzug nicht vergessen!

Abmelden:
Beim Einwohnermeldeamt, bei Versorgungsunternehmen, Telefon und GEZ. Nachsendeantrag bei der Post stellen.

Neue Adresse mitteilen an:
- Versorgungsbetriebe
- Einwohnermeldeamt
- Arbeitgeber
- Freunde
- Bank/Sparkasse
- Versicherungen
- Telefongesellschaften
- Zeitungsverlag
- Finanzamt
- Vereine bei denen man Mitglied ist

1. Schreibe auf, welche Schritte man bei einem Umzug beachten muss. Achte hierbei auf die Reihenfolge

> Bei Mietkündigung ist es immer besser, sich an den Mieterschutzbund zu wenden.

Sanierung: Wenn ein Haus saniert werden muss, wird es von Grund auf umgebaut

Berechtigte Wohnungskündigung
Schriftliche Kündigung

Fristlos, weil der Mieter
- die Miete mindestens drei Mal nicht bezahlt hat,
- den Vermieter oder andere Mieter schwer beleidigt, bedroht oder gar verletzt hat,
- den Hausfrieden nachhaltig verletzt hat.

> Wir müssen aus der Wohnung raus! Der Vermieter hat uns gekündigt.

Mit Frist, weil
- der Vermieter die Wohnung für sich oder seine Familie nutzen will (Eigenbedarf),
- weil das Haus saniert werden muss,
- der Mieter den Mietvertrag nicht erfüllt hat.

Der Mieter kann formlos Widerspruch einlegen, d. h. er schreibt einen einfachen Brief.

Die Kündigung ist rechtens.

→ Der Mieter muss die Wohnung verlassen.

Unberechtigte Wohnungskündigung

Eine *mündliche Kündigung* ist immer ungültig.

> Wir sollen hier bis zum Ende des Monats ausziehen ohne Angabe von Gründen. Das geht doch nicht!

Schriftliche Kündigung
- Es werden keine Gründe angegeben.
- Der Mieter hält Kleintiere wie Meerschweinchen, Fische oder Kleinvögel.
- Der Vermieter möchte einen anderen Mieter einziehen lassen.
- Der Mieter nennt Gründe, die nicht im Mietvertrag angegeben sind.

→ Der Mieter kann in der Wohnung bleiben.

 1. Familie Berger erhält eine Mietkündigung: Sie müssen die Wohnung in einem halben Jahr verlassen, da der Vermieter diese Wohnung für seine Tochter braucht, die eine eigene Familie gegründet hat. Ist die Kündigung gerechtfertigt? Warum?

 2. Familie Geller erhält eine Kündigung: Sie sollen die Wohnung innerhalb von einem Monat verlassen, da sie zwei Schildkröten halten. Ist die Kündigung gerechtfertigt? Nenne Gründe.

20 ••• Wo bleibt mein Geld?

Oli stöhnt: „Mensch, ich komme mal wieder nicht mit dem Geld aus." Dabei könnte er mit einer guten Haushalts- und Finanzplanung die meisten finanziellen Engpässe vermeiden.

Wer einen Haushalt führt, muss sein Geld so gut wie möglich einteilen.

Ohne Planung geht es nicht. Nicht geplante Ausgaben bringen die normale Finanzeinteilung ins Wanken. Wer größere Ausgaben machen muss, kann sich darauf vorbereiten.

Eine Finanzplanung läuft meist nach folgendem Schema ab:

So, die Möbel hätten wir!

Aber kein Geld mehr für meine Wohnung!

Nettoeinkommen: ist der tatsächlich ausgezahlte Lohn

- **Einnahmen:**
  Nettoeinkommen, staatliche Zahlungen, Kindergeld, Erziehungsgeld, Nebenverdienst, Wohngeld ...

- **Feste Ausgaben:**
  Miete, Strom, Gas, Wasser, Telefon, Versicherungen, Auto, Beiträge für Vereine, Monatskarte, Kreditrate ...

- **Veränderbare Ausgaben:**
  Ernährung, Genussmittel (Zigaretten, Alkohol), Kleidung, Wasch- und Putzmittel, Körperpflege, Geschenke, Freizeit

1. Erkundige dich bei einem Bekannten, der bereits aus der Schule entlassen ist, nach seinen Einnahmen und festen Ausgaben.

2. Sprecht über Erziehungsgeld, Wohngeld, Kindergeld.

3. Überlegt, was mit staatlichen Zahlungen gemeint ist.

Einnahmenübersicht

Einnahmen	Januar	Februar	März	
Nettogehalt	925,– €	925,– €	925,– €	
Weihnachtsgeld				
Wohngeld	55,– €	55,– €	55,– €	
...				

Feste Ausgaben – Übersicht

Feste Ausgaben	Januar	Februar	März	Zahlungsart
Miete	350,– €	350,– €	350,– €	D
Nebenkosten	60,– €	60,– €	60,– €	D
Gas/Strom				E
Versicherungen				E
Telefon				E
GEZ-Gebühren				Ü
Sparen				D
Kredit				E
...				E

B = Bargeld   **D** = Dauerauftrag   **E** = Einzugsermächtigung   **Ü** = Überweisung

Veränderbare Ausgaben

Datum	Ernährung	Genuss-mittel	Kleidung, Schuhe	Wasch- und Putzmittel	Freizeit	Handy/ Telefon	Auto/ Moped

1. Erkläre die Begriffe Dauerauftrag, Einzugsermächtigung, Überweisung.

2. Du möchtest dir eine größere Anschaffung leisten. Welche Möglichkeiten hast du, ohne dass du dir Geld leihst? Wie würdest du vorgehen?

3. Wenn zum Monatsende dein Geld knapp wird, woran kannst du dann am besten sparen?

22 ●●● „Kredit, ... damit kann ich mir alles leisten."

Klar, alle Wünsche kann man sich von dem knappen Geld nicht erfüllen; manchmal ist es notwendig, für bestimmte größere Ausgaben einen Kredit aufzunehmen. Vorher sollte man genau prüfen und wie Oli einige Fragen ehrlich beantworten:

- Wozu brauche ich das Geld?
- Wann brauche ich das Geld?
- Muss ich mir das Geld wirklich leihen oder könnte ich den Betrag auch ganz oder teilweise ansparen?
- Wie kann ich den Betrag zurückzahlen?

Ein Kredit oder Darlehen wird dann in monatlichen Raten zurückgezahlt. Das Kreditinstitut darf überprüfen, ob der Kunde den Kredit auch zurückzahlen kann. Außerdem bleibt der Gegenstand, den man kauft, so lange Eigentum des Kreditinstitutes, bis die letzte Rate bezahlt ist.
Nur ein Erwachsener (mindestens 18 Jahre) darf einen Kreditantrag stellen. Einen Kreditantrag stellt man am besten bei einer Bank oder Sparkasse.

Immer wieder findet man auch Anzeigen, in denen besonders günstige Kreditbedingungen angepriesen werden. **Vorsicht!** Meist stellt sich heraus, dass hohe Nebenkosten (Vermittlungsgebühren, Bearbeitungsgebühren) erhoben werden. Dann ist der Superkredit plötzlich super teuer.

Eine weitere Möglichkeit, eine größere Anschaffung zu tätigen, ist der so genannte Finanzkauf oder Ratenkauf. Viele Unternehmen, wie Autohäuser, Möbelunternehmen, Kaufhäuser oder Einkaufsketten bieten die Möglichkeit eines Ratenkaufs an. Der Vorteil eines Ratenkaufs besteht darin, dass man nur die Geldsumme leiht, die der Kaufgegenstand kostet.

AUTO–TOP–ANGEBOT

Fiat – 5 Jahre – 53 000 km mit vielen Extras 4 800 €

Ratenzahlung:
Anzahlung 1 000,– €
Effekt. Jahreszins: 5%
Monatl. Raten: 135,– €
Laufzeit 32 Monate
Gesamtpreis: 5888 €

Monatl. Rate: Sie setzt sich hier zusammen aus: 118,75 € Tilgung und 16,25 € Zinsen.

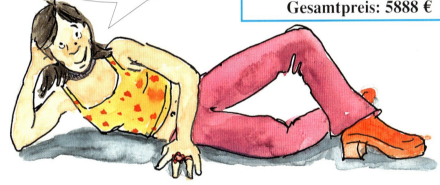

Soll ich mir das Geld bei einer Sparkasse oder Bank leihen? Oder soll ich das Finanzierungsangebot des Autohändlers nutzen?

1. Du willst dir einen Motorroller kaufen. Erkundige dich, welches Finanzierungsangebot der Händler dir machen kann.

2. In mehreren Kaufhäusern werden Computer angeboten. Erkundige dich nach den Finanzierungsmöglichkeiten, die die verschiedenen Kaufhäuser anbieten.

3. Geht mit der Klasse in eine Bank oder Sparkasse und informiert euch über Möglichkeiten eines Krédites. Vergleicht die Angebote unterschiedlicher Kreditinstitute miteinander.

4. Suche in der Tageszeitung nach Kreditangeboten. Vergleiche diese Angebote mit denen einer Bank oder Sparkasse.

24 ••• Schulden – und was dann?

Alles hätte so schön sein können. Aber nun ist Nicole verzweifelt.

Vor zwei Jahren ist sie mit ihrem Freund in eine kleine Wohnung zusammengezogen. Sie hatten sich für 2000 € Möbel und andere Einrichtungsgegenstände gekauft, dazu noch einen Fernseher mit Videorecorder und einen Handyvertrag abgeschlossen.

Da Dirk noch zur Schule ging, waren alle Verträge auf ihren Namen abgeschlossen worden. Vor sechs Monaten kam dann alles auf einmal: Ihr Freund hat sie sitzen lassen und kurze Zeit später hat sie ihren Job verloren, weil die Firma pleite ging. Von dem Geld, das sie vom Arbeitsamt bekommt, kann sie die monatlichen Schulden nicht bezahlen. Ein neuer Job ist nicht in Aussicht.

Schon zweimal hat sie die Rate für das Versandhaus nicht bezahlt, ihr Konto ist mit fast 1500 € überzogen. In diesem Monat hat sie die Miete nicht bezahlt.

Wenn nicht bald etwas passiert, muss sie aus der Wohnung raus. Auch Freunde und ihre Familie können ihr nicht helfen.

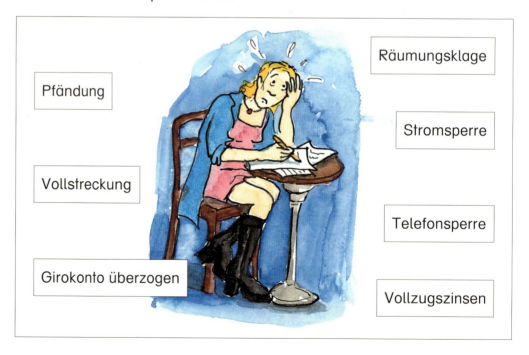

1. Erkläre die Begriffe in der Grafik.

2. Welche Gründe führen im Falle von Nicole zu der Überschuldung? Kannst du dir weitere Gründe vorstellen?

Von Freunden erhielt Nicole schließlich den Rat, doch zur Schuldnerberatung zu gehen. Sie erkundigte sich beim Sozialamt der Stadt und erhielt eine Adresse.

Schuldnerberatung

1. Was ist Schuldnerberatung?
- Schuldnerberatung versucht da zu helfen, wo Menschen in große finanzielle Not geraten sind durch Arbeitslosigkeit, Zahlungsunfähigkeit, Trennung vom Ehepartner, Mietschulden, Spielschulden, Ratenkäufe.

2. Wer kann zur Schuldnerberatung kommen?
- Jeder, dem Pfändungen, Vollstreckungen drohen und der seine Rechte nicht genau kennt.
- Jeder, dem eine Räumungsklage oder eine Stromsperre droht.
- Jeder, der große finanzielle Schwierigkeiten hat, die er selbst nicht mehr lösen kann.

3. Was leistet die Schuldnerberatung?
- Beratungsgespräche
- Überprüfung, ob alle gesetzlichen Sozialleistungen ausgeschöpft sind
- Gemeinsame Suche nach Lösungen
- Erstellung eines Haushaltsplanes
- Verhandlung mit Gläubigern

4. Was leistet Schuldnerberatung nicht?
- Keine finanziellen Hilfen. Schuldnerberatung ist kein Kreditinstitut.
- Schuldnerberatung ist keine Rechtsvertretung und übernimmt nicht die Aufgaben z. B. eines Rechtsanwaltes.

1. Erkundige dich nach Stellen an deinem Wohnort, die Schuldnerberatung durchführen.

2. Wie wird die Schuldnerberatung Nicole helfen? Was kann sie Nicole nicht anbieten?

26 ●●● Versicherungen – muss das sein?

Anna hat verschiedene Putzstellen. Sie arbeitet schwarz. Sie hatte einen Unfall. Das rechte Kniegelenk ist steif. Sie erhält keine Rente.

Frank arbeitete in einer großen Fabrik. Durch das viele Heben hat er eine Rückenerkrankung. Die gesetzliche Sozialversicherung sorgt für seine Rente.

Der Staat verpflichtet alle Mitarbeiter zu einer Mitgliedschaft in der Sozialversicherung. Dazu gehören eine Kranken-, Renten-, Arbeitslosen- und Pflegeversicherung. Die Höhe der Beiträge richtet sich nach dem Verdienst. Wer viel verdient, zahlt mehr!

Aber auch die Arbeitgeber zahlen einen Beitrag dazu.

Gesetzliche Krankenversicherungen sind z. B. die AOK (Allgemeine Ortskrankenkasse) oder Ersatzkrankenkassen.

Leistungen der Sozialversicherung				
Krankenversicherung	Rentenversicherung	Arbeitslosenversicherung	Pflegeversicherung	Unfallversicherung
• Ärztliche und zahnärztliche Behandlung • Medikamente, Heilmittel und Brillen • Krankenhauspflege • Krankengeld bei Arbeitsunfähigkeit • Mutterschaftshilfe • Gesundheitsvorsorge	• Rente nach dem Erreichen der Altersgrenze • Rente wegen Berufsunfähigkeit • Rente an Hinterbliebene • Kuren	• Berufsberatung • Arbeitsvermittlung • Umschulungen • Arbeitslosengeld und Arbeitslosenhilfe • Kurzarbeitergeld • Schlechtwettergeld	Pflegebedürftige und pflegebedürftige Angehörige werden durch diese Versicherung sozial abgesichert	Nach einem Arbeitsunfall oder Unfall auf dem Weg zur Arbeit, sowie bei einer Berufskrankheit

 1. Besorge dir Broschüren von mehreren gesetzlichen Krankenkassen und erkundige dich nach Beiträgen und Leistungen.

Jeder Erwachsene ist in einer gesetzlichen Kranken-, Renten- und Arbeitslosenversicherung. Reicht dieser Versicherungsschutz aus? In der Werbung werden täglich viele Versicherungen angepriesen. Für einen jungen Arbeitnehmer aber sind nur wenige Versicherungen notwendig. Versicherungsvertreter wollen an euch verdienen.

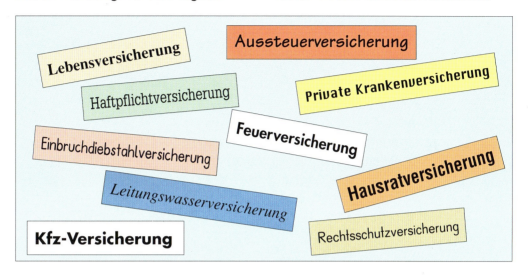

Private Haftpflichtversicherung:

Verena fährt mit dem Fahrrad an einem parkenden PKW vorbei. Weil sie einen Moment unaufmerksam ist, berührt sie das Fahrzeug und verursacht an der Autotür einen Lackschaden. Höhe 800 €.
In einem solchen Fall zahlt eine private Haftpflichtversicherung.

Private Unfallversicherung:

Kai hat zu Hause einen schweren Unfall gehabt. Er kann seinen Beruf als Dachdecker nicht mehr ausüben. Die Unfallversicherung zahlt in einem solchen Fall. Die Höhe der Leistungen ist abhängig von der Schwere der Folgen und natürlich von der Höhe der Prämien.

Prämien: Vom Versicherungsnehmer zu zahlende Versicherungsbeiträge

> **Merke:** Keine Versicherung zahlt, wenn du die Prämien nicht regelmäßig bezahlst!

 1. Überlegt in der Klasse, welche Versicherungen man als Jugendlicher wirklich braucht.

 2. Sprecht auch darüber, welche Versicherungen eine junge Familie benötigt.

 3. Erkundigt euch bei Versicherungen nach Kündigungsfristen.

28 ●●● Ein Auto – kann ich mir das leisten?

Judith träumt schon lange von einem eigenen Auto. Ständig diese Abhängigkeit von Bussen und Bahnen. Auch wenn sie abends mit ihren Freundinnen und Freunden unterwegs ist, kann sie nie frei entscheiden.
Es muss ja nicht gleich ein besonders teurer Wagen sein. Ein guter Gebrauchtwagen tut es auch. Einige von ihren Freundinnen jedoch warnen sie: „Weißt du eigentlich, wie teuer das wird?" Abends setzt sie sich mit Petra hin, um die ganze Sache durchzurechnen.

Kaskoversicherungen:
Durch die Kaskoversicherungen werden Schäden bezahlt, die man an seinem eigenen Fahrzeug selbst verschuldet

1. Sprecht über die einzelnen Kosten.

2. Berechne die Kosten für ein Auto. Erkundige dich bei einer Versicherung, einem Autohändler oder bei einem Automobilclub.

Kompakt: Ein Quiz für helle Köpfe

Setze als Antwort jeweils den richtigen Lösungsbuchstaben ein. Die richtigen Buchstaben von oben nach unten gelesen ergeben ein Lösungswort. Übertrage die Buchstaben der Lösung in dein Heft.

	Richtig	Falsch	Lösung
• Einen Kreditvertrag kann nur ein Erwachsener abschließen.	V	S	
• Ein Makler vermittelt Wohnungen und Häuser.	E	A	
• Einen Wohnberechtigungsschein erhält jeder, der eine Wohnung sucht.	U	R	
• Die Versicherungsprämie ist eine Belohnung für besonders treue Kunden.	D	S	
• Jeder der einen Fernseher und ein Radio besitzt, ist verpflichtet an die GEZ Gebühren zu bezahlen.	I	U	
• Der Mieterschutzbund sichert Mietwohnungen gegen Einbruch.	M	C	
• Für Waren, die man privat oder auf einem Trödelmarkt kauft, erhält man keine Garantie.	H	M	
• Die Miete für eine Wohnung wird meist jährlich oder halbjährlich bezahlt.	B	E	
• Das Nettoeinkommen ist der Lohn, der am Ende des Monats übrigbleibt, wenn alles bezahlt ist.	L	R	
• Eine KFZ-Versicherung ist eine freiwillige Versicherung.	O	U	
• Das Erziehungsgeld erhalten Eltern für Kinder bis zum Alter von drei Jahren.	N	E	
• Einen Nachsendeantrag stellt man nach einem Umzug, damit alle Briefe, Päckchen oder Pakete an die neue Adresse nachgesendet werden können.	G	D	

Miteinander leben

1. Beschreibe, wer auf den Bildern zusammen wohnt.

2. In welcher Lebensgemeinschaft möchtest du am liebsten wohnen?

32 ● ● ● Zwei (un-)gleiche Familien

32.1 Die Eltern zu Hause.

32.2 Dirk hört Musik.

Dirk Spitz ist 14 Jahre alt und besucht die 7. Klasse der Hauptschule. Die jüngere Schwester geht noch zur Grundschule. Der Vater ist schon seit vielen Jahren bei einem Straßenbauunternehmen beschäftigt, die Mutter ist Hausfrau. Abends geht sie regelmäßig für drei Stunden putzen, da sie sonst mit dem Geld nicht auskommen würden. Die Familie bewohnt seit knapp fünf Jahren ein Reihenhaus. In einem Punkt sind sich die Eltern einig:
„Unsere Kinder sollen es einmal besser haben als wir. Das Wichtigste ist, dass sie einen vernünftigen Schulabschluss erreichen."

Oft gibt es Streit. Wenn Vater von der Arbeit kommt, hat er oft schon etwas getrunken. Die Hausarbeit macht die Mutter mit der Tochter. Dirk braucht nicht mitzuhelfen. Obwohl die Familie nicht viel Geld zur Verfügung hat, werden den Kindern alle Wünsche erfüllt. Sie tragen Markenkleidung und haben alle einen eigenen Fernseher mit einem Videorecorder. Dirk hat zum Geburtstag eine Playstation bekommen.

 1. Wie sieht die Aufgabenverteilung in eurer Familie aus? Gibt es einen Aufgabenplan? Sprecht darüber und vergleicht.

 2. Macht ein Rollenspiel: *Vater kommt von der Arbeit nach Hause und möchte seine Ruhe haben / Dirk will unbedingt ein Paar neue Schuhe haben / Petra möchte zu ihrer Freundin / Mutter muss in einer halben Stunde zur Arbeit und muss noch die Küche aufräumen.*

Familie Bakita kommt aus dem ehemaligen Jugoslawien. Sie haben drei Kinder und wohnen in einer kleinen Mietwohnung. Da es nur zwei Schlafzimmer gibt, müssen die Kinder (Jeton ist vierzehn Jahre, Lisa zwölf und Sabrija sechzehn Jahre) in einem Schlafzimmer schlafen.
Der Vater ist seit einem Jahr arbeitslos, die Mutter arbeitet in einer Fabrik. Bei Familie Bakita ist es normal, dass alle bei der Hausarbeit helfen.

Jeton und Sabrija haben schon seit längerem einen Job: Sie tragen am Wochenende die Reklamezettel des Supermarktes aus. Außerdem hilft Jeton samstags an einer Tankstelle beim Waschen der Autos.

Gelegentlich gibt es Streit über das Fernsehprogramm, denn sie besitzen nur einen Fernseher. Am Wochenende machen die Bakitas oft kleine Ausflüge oder sitzen zusammen und spielen.

33.1 Familie Bakita.

 1. Welche Aufgaben haben die einzelnen Familienmitglieder in der Familie Spitz und in der Familie Bakita?

 2. Glaubt ihr, dass diese beiden Familien für viele andere Familien typisch sind? Sprecht darüber.

 3. Wie gehen in der Familie Spitz und der Familie Bakita die einzelnen Familienmitglieder miteinander um?

4. Haben Frauen und Männer in Familien immer die gleiche Rolle?

34 ••• Verantwortung füreinander

34.1 Alexander

34.2 Svenja

„Wenn ich meinen Schulabschluss habe, mach ich eine Ausbildung als Dachdecker. Wenn ich dann einige Jahre gearbeitet habe, will ich auch heiraten. Kinder will ich auch haben.

Ich habe schon vor, meiner Frau bei der Erziehung der Kinder zu helfen. Aber wenn ich von der Arbeit komme, bin ich wohl sehr müde und brauche meine Erholung."

„Ich möchte nach meiner Schulzeit gerne mit meinem Freund zusammenziehen. Natürlich möchten wir vorläufig keine Kinder. Ich sorge schon dafür, dass ich nicht schwanger werde. Ich weiß nicht, ob ich überhaupt mal heiraten will. Viel wichtiger ist, dass ich einen guten Job habe. Ich will schnell viel Geld verdienen und trotzdem genug Freizeit haben, um mit meinen Freunden und der Clique auszugehen."

 1. Alexander hat feste Ziele für sein Leben. Welche Ziele sind es? Was hältst du von seinen Vorstellungen zu Ehe, Familie und Erziehung?

 2. Auch Svenja hat für ihre Zukunft konkrete Pläne. Wie bewertest du ihre Überlegungen zu Ehe und Familie?

 3. In einer Partnerschaft (Ehe) sollten beide Partner in gleicher Weise Verantwortung füreinander haben. Wie sieht es mit dieser Verantwortung bei Alexander und bei Svenja aus?

Frau Erens

Frau Erens ist seit fünf Jahren Witwe. Sie ist 85 Jahre.
Jetzt kann sie sich nicht mehr selbst versorgen und schafft die normalen Dinge im Haushalt nicht mehr. Sie kann kaum noch laufen.

Deshalb war sie sehr froh, als ihre älteste Tochter und deren Kinder sie bei sich aufgenommen haben. Dabei haben sie nur eine kleine Wohnung.

Frau Franke erzählt:

„Ich bin seit drei Jahren geschieden und habe zwei Kinder (acht Jahre und fünf Jahre). Seit einem Jahr habe ich einen neuen Partner. Er kümmert sich sehr um meine Kinder. Wir wollen demnächst heiraten und wünschen uns ein gemeinsames Kind.
Zu Beginn haben meine Kinder meinen neuen Freund nicht akzeptiert. Mittlerweile haben sie ein gutes Verhältnis zueinander.
Da mein neuer Lebensgefährte ein gutes Einkommen hat, hat sich unsere finanzielle Situation verbessert."

 1. Der Lebensgefährte von Frau Franke hat Verantwortung übernommen. Was hältst du davon? Sprecht darüber.

 2. Eltern haben Verantwortung für ihre Kinder. Worin besteht die Verantwortung?

 3. In der Familie Erens übernimmt die Tochter mit ihren Kindern die Verantwortung für ihre alte Mutter. Sind Kinder dazu verpflichtet? Welche Möglichkeiten hätte Frau Erens, wenn sie nicht bei ihrer Tochter wohnen könnte?

 4. Auf den Seiten 34 und 35 sind Lebenssituationen von Personen und Familien beschrieben. Kennt ihr ähnliche Fälle? Berichtet darüber.

Ausländische Mitbürger in Deutschland

Tom

„Mein Vater stammt aus Angola, einem Land in Afrika. Er wurde dort verfolgt und eingesperrt. Er ist deswegen vor zwölf Jahren mit meiner Mutter und mir geflohen.

Ich habe hier in Deutschland mittlerweile viele Freunde. Schon seit einigen Jahren bin ich im Fußballverein. Besonders durch den Verein habe ich viele Jugendliche kennen gelernt, mit denen ich sonst zusammen bin.

Doch es gibt auch Deutsche, die uns immer noch misstrauen. Ab und zu müssen wir uns auch Beleidigungen anhören wie:

„Geht doch zurück in den Busch! Ihr Neger habt sowieso nichts gelernt!" oder *„Du bist ein Nigger!"*"

Emine

„Meine Eltern sind aus der Türkei. Meine Großeltern sind 1965 schon nach Deutschland gekommen. Man hatte ihnen angeboten hier zu arbeiten. Meine Eltern sind schon in Deutschland zur Schule gegangen. Heute hat mein Vater ein Lebensmittelgeschäft.
Ich kann nicht so gut Türkisch, obwohl meine Eltern zu Hause immer mit uns Türkisch sprechen. Meine Eltern erlauben mir auch mit anderen Jugendlichen zusammen zu sein. Das ist nicht selbstverständlich, denn viele türkische Mädchen müssen noch Kopftücher tragen und dürfen keinen deutschen Freund haben. In der letzten Zeit habe ich immer mehr den Eindruck, dass viele Deutsche etwas gegen Ausländer haben. Sie haben Angst, die Ausländer würden ihnen die Arbeitsplätze wegnehmen."

1. Vergleiche die Schilderungen der beiden Kinder. Worin unterscheiden sie sich? Was haben beide gemeinsam?

2. Gibt es an eurer Schule oder in eurem Bekanntenkreis Jugendliche, deren Familien aus anderen Ländern kommen? Aus welchen Ländern kommen sie?

3. Erkundige dich nach den Gründen, warum sie in Deutschland leben.

4. In Deutschland gibt es Vorbehalte gegen Ausländer. Welche Gründe geben Tom und Emine an. Erkundige dich nach anderen Gründen.

In der Bundesrepublik wohnen 82 Millionen Menschen, davon sind ca. fünf Millionen Ausländer. Es sind Menschen aus ganz unterschiedlichen Ländern, mit verschiedenen Religionen, Männer und Frauen, Kinder und Jugendliche. Auch die Gründe, warum diese Menschen in Deutschland sind, sind ganz unterschiedlich. Es sind ins Land gerufene Arbeitnehmer, Angestellte ausländischer Botschaften, Soldaten oder Angehörige ausländischer Streitkräfte und deren Familien, Flüchtlinge und Asylbewerber, Touristen und Durchreisende. Viele Menschen mit ausländischem Pass leben seit vielen Jahren hier in Deutschland. Viele sind hier geboren. Manche möchten die deutsche Staatsbürgerschaft. Es gibt auch Ausländer, die nach einigen Jahren in ihre Heimat zurück müssen.

1. Diskutiert über das Wahlrecht für Ausländer in der Bundesrepublik Deutschland. Erkundigt euch auch über die genauen gesetzlichen Bestimmungen.

2. Viele Berufe wollen deutsche Arbeitnehmer nicht ausüben. Beispiele dafür sind Erntehelfer, Berufe in der Gastronomie oder Straßenreinigung. Was bedeutet es, wenn diese Berufe nicht von ausländischen Arbeitnehmern ausgeübt würden?

3. Deutschland ohne Ausländer: Pizza, Musik, Fußball ...
Was wäre Deutschland ohne Ausländer?

Gewalt in der Familie

Gewalt mit Schlägen

Marco berichtet: Seit einiger Zeit ist mein Vater arbeitslos. Seitdem ist bei uns oft dicke Luft. Gestern hatte ich mich mit meiner jüngeren Schwester gezankt, weil sie mal wieder in meinen CDs rumgeschnüffelt hatte. Plötzlich kam mein Vater ins Zimmer und schlug mich mitten ins Gesicht. Als ich dann noch Widerworte gab, nahm er seinen Gürtel und schlug mich dann noch einige Male auf den Rücken. Als er wieder weg war, habe ich nur noch geheult. Ich habe mich auf mein Bett geschmissen. Später habe ich vor lauter Wut ein Poster von der Wand gerissen, das meine Schwester mir geschenkt hatte.

38.1 „Wie oft habe ich dir gesagt, du sollst deine kleine Schwester nicht schlagen!" (Gerhard Mester)

Gewalt ohne Schläge

Patricia ist 16 Jahre. Mit ihrer Mutter und den beiden kleineren Geschwistern (vier und sechs Jahre) lebt sie in einer kleinen Wohnung. Die Mutter macht Schichtarbeit. Jedes Mal, wenn Mutter in der Firma ist, muss Patricia auf ihre kleineren Geschwister aufpassen. Oft darf sie deswegen nicht zur Schule gehen. Sie muss zu Hause putzen, bügeln, einkaufen, waschen. Wenn sie sich weigert, bekommt sie sofort Hausarrest. Die Situation wird dann nur noch schlimmer.

1. Sprecht über die unterschiedlichen Formen und Ursachen von Gewalt, die hier auf die Kinder ausgeübt wird.

2. Kannst du dir eine Situation vorstellen, wie sie Marco erlebt hat? Schildere, wie du dich an seiner Stelle gefühlt hättest.

3. Erkundigt euch beim Jugendamt der Stadt, des Kreises oder der Gemeinde nach Beratungsstellen, an die sich Jugendliche wenden können, wenn sie Probleme haben.

4. Ladet eine Mitarbeiterin des Sorgentelefons ein und lasst euch von ihren Erfahrungen berichten.

Sexueller Missbrauch

Petra erzählt: „Seit einer Woche haben wir eine Neue in der Klasse, Anita. Sie wohnt im Heim. Zuerst war sie total ruhig, hat kaum etwas erzählt und wirkte sehr schüchtern. Da sie gut aussieht, haben sich gleich einige Jungen an sie herangemacht. Irgendwann hat einer versucht sie zu begrabschen. In dem Moment ist sie ausgerastet. Nur mit Mühe konnten wir sie zurückhalten. Ich bin dann nach der Schule mit ihr nach Hause gegangen. Als ich sie fragte, warum sie im Heim ist, sagte sie zuerst gar nichts. Nach einiger Zeit erzählte sie: „Der Partner meiner Mutter hat mich fast ein halbes Jahr lang missbraucht. Als es dann endlich rausgekommen ist, kam ich ins Heim." ...
Jetzt war ich es, die vor Wut und Entsetzen heulte. Ich hätte Anita so gerne geholfen. Aber ich merkte, ich war völlig hilflos."

Sexuelle Gewalt und sexueller Missbrauch sind sehr grausame Verbrechen. Viele Opfer leiden sehr lange stark seelisch und körperlich. Die Opfer sind meist Mädchen und Frauen. In vielen Fällen sind die Täter Verwandte wie Väter, Brüder, Onkel, Stiefväter oder andere nahe stehende Verwandte. Die Mädchen und Frauen schämen sich, die Täter anzuzeigen. Auf jeden Fall brauchen die Opfer unbedingt Hilfe.

Beratung erhalten Frauen und Mädchen bei den verschiedenen Beratungsstellen des Jugendamtes, der Kirchen oder anderer Träger wie AWO und Pro Familia. Außerdem gibt es Frauenhäuser und Mädchenhäuser. Hier finden Frauen und Mädchen Zuflucht. Hier werden sie durch Pädagoginnen und Therapeutinnen beraten und begleitet.

Sexuelle Gewalt und sexueller Missbrauch sind ein krimineller Straftatbestand. Sie müssen bei der Polizei und der Staatsanwaltschaft angezeigt werden. Denn alle Menschen, auch Kinder, haben das Grundrecht der Selbstbestimmung. Für die Opfer ist der Gang zur Polizei oft eine große Belastung, weil sie nur schwer über ihr Erlebtes sprechen können.

 1. Was ist mit dem Grundrecht auf Selbstbestimmung gemeint?

Gewalt im Alltag

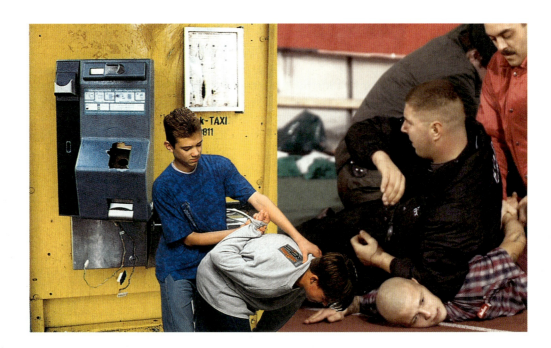

In der Schule klagen viele Schülerinnen und Schüler, Eltern sowie Lehrerinnen und Lehrer über Erpressen, Abzocken, Niederbrüllen, Beleidigen, übles Nachreden, Mobbing. Diesen Formen von Gewalt im Alltag begegnest du auf der Straße, in der Schule, aber auch am Arbeitsplatz.

Gewalt und Aggression gibt es aber nicht nur gegenüber Personen, sondern auch gegenüber Sachen: Schuleinrichtungen, Bushaltestellen, Telefonzellen werden mutwillig beschmiert oder zerstört. Diese Form von Gewalt heißt Vandalismus.

 1. Berichte über Vorfälle von Gewalt an deiner Schule. Schreibe kurze Berichte.

 2. Sammelt Zeitungsausschnitte, in denen über Gewalttaten berichtet wird. Erstellt mit diesen Berichten eine Wandzeitung.

 3. Was ist eurer Meinung nach Gewalt und aggressives Verhalten. Sammelt Beispiele.

 4. Wie reagieren Opfer auf Gewalt? Welche Hilfen brauchen sie?

Die Gründe für die Anwendung von Gewalt im Alltag sind vielfältig. Eine Erklärung: Im Fernsehen, im Kino, in Video- und Computerspielen, in der Musik, aber auch im Sport und in der Politik begegnet man Gewalt. Untersuchungen haben ergeben, dass Kinder und Jugendliche mit unzähligen Gewalttaten in Vorabendserien, Comicserien, Actionstreifen und Nachrichtensendungen konfrontiert werden.
Oft übertragen Kinder und Jugendliche die Gewalt, die sie in den Medien sehen, in ihren Alltag.

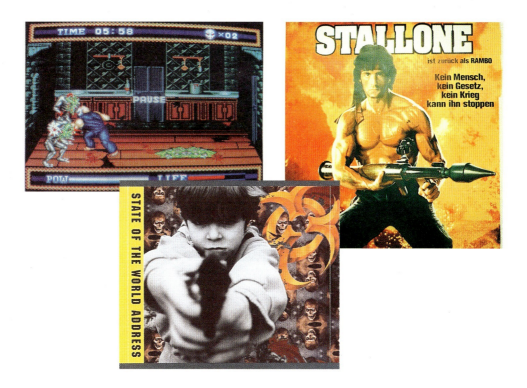

 1. Versuche dich zu erinnern: Welche Gewalttaten hast du in den letzten Tagen im Fernsehen, im Kino, in Videos gesehen?

 2. Welche Gefühle, welche Gedanken hast du, wenn du besonders brutale Gewaltszenen im Film oder Fernsehen siehst?

 3. Nenne Gründe, warum wohl gewalttätige Filme und Computerspiele so gern von Jugendlichen gesehen werden?

 4. Simon: „Fußball ist ein brutaler Sport!"
Frank: „Fußball ist überhaupt kein brutaler Sport!"
Diskutiert über die beiden Meinungen.

42 ••• Susanne T.: Mein Leben auf der Straße

„Seit ca. fünf Jahren lebe ich auf der Straße. Die meiste Zeit davon lebte ich in einem Zelt an den Rheinwiesen in Düsseldorf. Das war Klasse. – Mit 18 Jahren bin ich zu Hause abgehauen. Zuerst war ich mit einem Macker zusammen. Aber der hat mich irgendwann rausgeschmissen.

Ich hab dann angefangen zu kiffen und zu trinken. Ich wusste nicht wohin: Mit Ämtern kannte ich mich nicht aus, zu meinen Eltern konnte ich nicht zurück!

Am Rhein war ich mit fünf weiteren Obdachlosen zusammen. Uns wurde sogar von der Stadt aus erlaubt eine Holzbude zu bauen, um unsere Situation wohnlicher zu gestalten. In Hauseingängen hingegen ist es am schlimmsten, dort übernachte ich zur Zeit. Es ist die übelste Art; denn man muss von morgens früh bis abends spät rumlaufen. Die Leute auf der Straße gaffen einen an und reden blöd über einen. Oft träume ich von einem eigenen Bett. Aber ich habe keinen Plan, wie ich einmal Geld verdienen könnte."

42.1 Obdachlose Jugendliche.

1. Gibt es in eurer Stadt, an eurem Wohnort auch Obdachlose? Berichtet über eure Erfahrungen.

2. Suche im Internet unter dem Begriff Obdachlosigkeit. Du findest dort Lebensläufe von Obdachlosen.

Kompakt

Aktionen für mehr Verständnis und Toleranz

Plakataktion:
Entwerft in allen Klassen Plakate, die zu mehr Verständnis, Toleranz und weniger Gewalt und Fremdenfeindlichkeit aufrufen.

Sucht einen Platz, an dem ihr eure Plakate ausstellen könnt, z. B. im Rathaus, in der Schule, in einer Bank.
Vielleicht ist es aber auch möglich, diese Plakate in eurem Wohnort an vielen Straßen und Bushaltestellen oder auch in Geschäften aufzuhängen.

Gewalt in den Medien:
Sammelt Kinoplakate, Berichte aus Zeitungen, Berichte und Fotos von Sportveranstaltungen, in denen Gewalt eine Rolle spielt. Gestaltet auch hierzu eine Plakataktion.

Ausländer berichten:
Veranstaltet einen internationalen Begegnungstag in eurer Schule. Ladet Familienmitglieder von Asylbewerbern ein. Lasst euch von ihnen über die Situation ihres Heimatlandes berichten, unter welchen Umständen sie nach Deutschland gekommen sind, wie lange sie bleiben dürfen, warum sie Asyl beantragt haben.
Vielleicht könnt ihr einen Abend gestalten, an dem verschiedene Gruppen aus verschiedenen Ländern etwas vorführen oder ein typisches Gericht aus ihrem Land vorstellen.

Nachbarschaftsfest:
Organisiert ein Fest für die Bewohnerinnen und Bewohner aus der Nachbarschaft der Schule. Ihr könnt sie auf diese Weise kennen lernen. Sie können euch so etwas über ihre Sorgen und Probleme, die sie mit den Schülerinnen und Schülern haben, erzählen.

Auf der Suche nach Gold

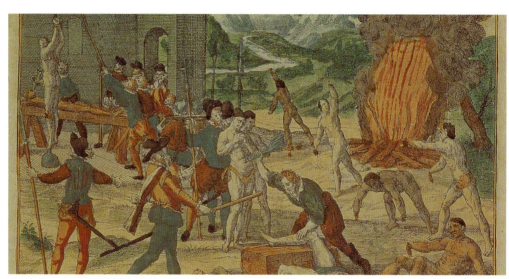

46.1 Hernando de Soto lässt 15 Häuptlinge foltern. Er will von ihnen erfahren, wo Gold ist. Kupferstich von Theodor de Bry, Ende des 16. Jahrhunderts.

Im Mai des Jahres 1539 traf der Spanier Hernando de Soto mit neun Schiffen, 600 Soldaten und über 200 Pferden an der Westküste Floridas ein. Er hatte sein ganzes Vermögen in diese Reise gesteckt, denn er hoffte, in Nordamerika große Schätze zu finden. Andere Reisende hatten vom sagenhaften Reichtum der sieben Städte von Cibola erzählt. De Soto wollte diese Städte erobern.

Zuerst marschierten die Spanier nach Norden. Sie versorgten sich mit Nahrung durch Überfälle auf indianische Siedlungen. Die Indianervölker trieben Ackerbau und lebten in großen Ansiedlungen. Gold besaßen sie nicht. Im Frühjahr 1541 erreichten de Soto und seine Männer den Mississippi. Inzwischen starben viele Soldaten an Erschöpfung oder im Kampf mit den Indianern. Doch die Männer dachten an Gold und Silber und marschierten weiter. Im Mai 1542 starb de Soto am Fieber. Seine Leute versuchten nochmals nach Westen vorzudringen. Dann kehrten sie um. Die Expedition war gescheitert. Später stellte sich heraus, dass der Reichtum von Cibola eine Erfindung gewesen war.

Tausende von Indianern waren wegen der Habgier der Eroberer getötet worden. Viele steckten sich aber auch bei den spanischen Soldaten mit Krankheiten an. Die Indianer kamen zum ersten Mal mit solchen Krankheiten wie Grippe, Windpocken oder Mumps in Kontakt. Deswegen hatten sie keine Abwehrkräfte dagegen und starben daran. Zwanzig Jahre später waren viele Siedlungen, die de Soto gesehen hatte, verlassen.

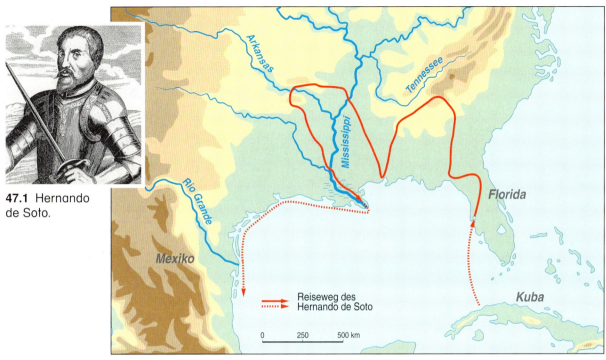

47.1 Hernando de Soto.

47.2 Die Reise von Hernando de Soto, 1539 – 1543.

Diese Karte stellt etwas dar, was in der Vergangenheit passiert ist.

Man nennt solche Karten Geschichtskarten. Sie können dir dabei helfen, geschichtliche Ereignisse besser zu verstehen.

Die folgenden Fragen helfen dir:
- Welches Thema hat die Karte?
- Welche Zeit wird dargestellt?
- Welches Land wird dargestellt?
- Welche Bedeutung haben die Farben und Zeichen der Karte?
- Was erfährt man durch die Karte?

 1. Finde heraus, wie viele Kilometer die Spanier zurücklegten. Dazu zerlege den auf der Karte eingezeichneten Reiseweg in Teilstrecken. Diese kannst du mithilfe des Maßstabes abmessen. Dann addiere die Teilstrecken.

 2. Nimm einen Atlas und untersuche, durch welche Landschaften de Sotos Weg führte. Überlege, mit welchen Schwierigkeiten die Eroberer unterwegs zu kämpfen hatten.

 3. Stell dir diese Situation vor: Weiße Soldaten haben ein Dorf überfallen und geplündert. Ein Indianer entkommt. Er warnt einen befreundeten Indianerstamm vor den fremden Eindringlingen. Was könnte er erzählen?

Das Pferd verändert das Leben der Indianer

48.1 Büffeljagd. Gemälde von George Catlin. Der amerikanische Büffel war bis zu 3 Meter lang, Schulterhöhe: 1,90 Meter, Gewicht: bis zu 1000 kg.

Die Indianer, die zum ersten Mal mit europäischen Eroberern zusammentrafen, hatten besonders große Angst vor den Pferden der Weißen. Sie hatten vorher noch nie solche Tiere gesehen, denn in Amerika waren die Pferde schon um 7000 v. Chr. ausgestorben.

Doch sehr schnell entdeckten die Indianer, wie nützlich ihnen Pferde sein konnten. Sie begannen selbst Pferde zu züchten und wurden bald bessere Reiter als die Europäer. Die Prärie-Indianer wanderten mit den riesigen Büffelherden, die durch die Prärie zogen. Die Männer jagten die Büffel und die Frauen folgten ihnen, um das Fleisch schnell verarbeiten zu können. Aus den Fellen stellten sie Kleidung und die typischen Zelte, die Tipis, her.

Mit den Pferden begann für die Indianer ein neues Leben.
Die Büffeljagd war nicht mehr so mühsam und weniger gefährlich.

Vorher wurde der gesamte Besitz von Frauen mitgeschleppt oder von Hunden gezogen. Mit den Pferden konnten die Indianer an einem Tag bis zu 50 Kilometer zurücklegen und dabei vieles mitnehmen.
Es gab genug Fleisch und es konnten Vorräte für die harten Winter angelegt werden.
Durch die Erleichterung der Jagd fanden die Indianer mehr Zeit, Waffen, Kleidung und Zelte zu schmücken und Feste zu feiern.

 1. Zähle die Vorteile auf, welche die Indianer durch das Pferd hatten.

49.1 Indianerfrauen bearbeiten eine Büffelhaut. Ölgemälde von Charles M. Russel, 1890.

Transport ohne Räder – Wir bauen ein indianisches Travois

Material: Äste, Schnur, einfacher Stoff, Farben, Pinsel, Leim, Spielpferd

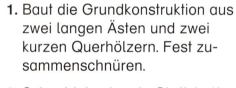

1. Baut die Grundkonstruktion aus zwei langen Ästen und zwei kurzen Querhölzern. Fest zusammenschnüren.
2. Schneidet schmale Stoffstreifen zurecht und flechtet daraus eine Ladefläche. Klebt sie an den Rahmen.
3. Die Äste werden mit einer Schnur umwickelt, die festgeklebt wird. (Die Indianer benutzten dazu Büffellederstreifen.)

hölzerner Käfig

Pferdedecke

Travoisstangen

Strick als Zügel

aufgemalte Symbole

Amerika – Land der Hoffnung

50.1 Puritaner werden in England verhaftet und abgeführt. Holzstich.

Im November 1620 landete ein englisches Schiff an der Ostküste von Nordamerika. Es hatte 102 Menschen an Bord. Sie waren Puritaner. Das heißt, sie gehörten zu einer sehr frommen Glaubensgemeinschaft. In England wurden sie verfolgt. Sie durften keine Gottesdienste halten.
In Amerika wollten sie endlich ungehindert ihren Glauben leben. Die Überfahrt hatte zwei Monate gedauert. Die Vorräte waren aufgebraucht.

Die Einwanderer wären ohne die Hilfe der Indianer wohl alle verhungert. Sie brachten Lebensmittel und lehrten die Siedler Fischfang und Maisanbau. Als die Siedler im Herbst 1621 ihre erste Ernte in Amerika eingebracht hatten, luden sie ihre indianischen Nachbarn zu einem gemeinsamen Erntedankfest ein.

Doch dieses friedliche Zusammenleben dauerte nicht lange. Immer mehr Menschen aus Europa kamen nach Amerika. Viele flüchteten vor politischer oder religiöser Verfolgung. Einige lockte das Abenteuer. Wegen Armut, Krieg und Hungersnöten verließen viele Europäer ihre Heimat. Die Indianer versuchten sich gegen die Besetzung ihres Landes zu wehren. Die Einwanderer waren jedoch besser bewaffnet. Bis zum Ende des 19. Jahrhunderts hatten sie fast alle Indianer ermordet. Die überlebenden Indianer bekamen Reservate zugewiesen. Dort gab es so schlechtes Ackerland, dass sie sich nicht selbst ernähren konnten. Sie lebten deswegen in großer Armut.

Reservate: Abgegrenzte Gebiete, in denen die Indianer leben sollten

 1. Nenn die Gründe für die Auswanderung vieler Europäer nach Amerika.

2. Auch heute verlassen viele Menschen ihr Land. Welche Gründe haben sie dafür? Finde Beispiele.

 3. Besorge aus einer Bibliothek Bücher über die Besiedlung Amerikas. Suche auch Filme zu diesem Thema.

51.1 Siedler und Indianer feiern zusammen das erste Erntedankfest in Amerika.

Besuche das erste Erntedankfest – Bring das Bild zum Sprechen.

Stellt euch vor, ihr könntet mit den Männern, Frauen und Kindern auf dem Bild sprechen.
1. Sucht euch zu zweit eine Person auf dem Bild aus. Was möchtet ihr von ihr wissen? Stellt dieser Person Fragen und überlegt, was sie antworten könnte. Beispiele: Wer bist du? Wie alt bist du? Woher kommst du? Warum bist du nach Amerika gekommen? Wie gefällt es dir hier?

2. Spielt euer Gespräch in der Klasse vor und sprecht darüber.

51.2 Indianer im Reservat bekommen ihre wöchentliche Lebensmittelzuteilung, um 1880. Stahlstich.

4. Erkläre, wie sich die Situation der Indianer durch die europäischen Einwanderer verändert hat.

52 ● ● ● Ein neuer Staat entsteht

52.1 Siedler werfen in Boston Tee von englischen Handelsschiffen ins Wasser. Sie sind als Indianer verkleidet. Zeitgenössische Darstellung.

Kolonie:
Ein von einer fremden Macht abhängiges Gebiet

USA:
Abkürzung von United States of America = Vereinigte Staaten von Amerika

Zuerst wanderten vor allem Engländer nach Nordamerika ein. Die englische Regierung betrachtete die Ansiedlungen als Kolonien, das heißt als Eigentum des englischen Königs. Die Bewohner der Kolonien waren demnach weiter englische Untertanen. Im Laufe des 17. und 18. Jahrhunderts entstanden im Nordosten 13 Kolonien. Die Siedler wollten jedoch nicht länger Untertanen bleiben. Als sie Steuern auf Tee und andere Handelsgüter an England bezahlen sollten, weigerten sie sich. 1773 warfen Siedler im Hafen von Boston Tee von englischen Schiffen ins Wasser. Daraufhin schickte der englische König Soldaten.

Die Kolonien schlossen sich durch den Streit mit England immer fester zusammen. Am 4. Juli 1776 sagten sie sich ganz von England los und erklärten sich als unabhängig. Nach sechs Jahren besiegte die amerikanische Armee die englischen Truppen.

1789 gründeten sie die Vereinigten Staaten von Amerika (USA) und die Vertreter der 13 Kolonien arbeiteten für den neuen Staat eine Ordnung (Verfassung) aus: Die Regierung sollte frei gewählt werden. Wahlberechtigt waren aber nur die Männer.

In den neuen Staat wanderten in der folgenden Zeit Menschen aus den unterschiedlichsten Ländern ein.

Sie sprachen verschiedene Sprachen. Doch sie hatten alle etwas gemeinsam: Sie hatten ihre alte Heimat verlassen, um ganz neu anzufangen. Sie machten gemeinsame Erfahrungen bei der Besiedlung des Landes und in den Kämpfen mit den Indianern.

Die Menschen unterschiedlicher Herkunft und aus den verschiedensten Ländern fühlten sich bald als Amerikaner.

Den Indianern nahmen sie das Land weg und verdrängten sie in unwirtliche Gebiete.

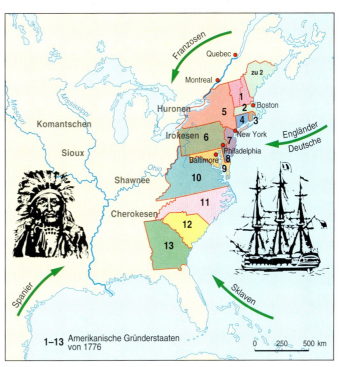

53.1 Besiedlung der USA und Indianerstämme.

Land	Zahl der Einwanderer von 1820 – 1950
Deutschland	6.2 Mio
Italien	4.7 Mio
Irland	4.6 Mio
England	4.3 Mio
Russland	3.3 Mio
Schweden	1.2 Mio
Frankreich	0.63 Mio
Polen	0.42 Mio

Die amerikanische Flagge 1789.

Zählt die Sterne und Streifen und überlegt, was sie bedeuten sollen. Vergleicht mit der heutigen amerikanischen Flagge (Lexikon).

1. Suche im Atlas die 13 amerikanischen Gründerstaaten und schreibe die Namen auf.

2. Erstell nach der Tabelle ein Säulendiagramm der Einwanderer nach Amerika.

Menschenraub in Afrika

54.1 Sklaven sollten sich an Deck zweimal am Tag bewegen. Hier werden sie mit der Peitsche dazu gezwungen.

54.2 Olaudah Equiano. Er war bis 1766 Sklave. Er hatte Glück, denn er konnte sich freikaufen. Er schrieb seine Lebensgeschichte auf.

Der Afrikaner Olaudah war zehn Jahre alt, als er aus dem Haus seiner Eltern entführt wurde. Fremde Männer brachten ihn an die Küste.

Dort wartete bereits ein Schiff. Es sollte Olaudah und viele andere Afrikaner und Afrikanerinnen nach Amerika bringen. An Bord des Schiffes sah Olaudah zum ersten Mal weiße Menschen. Diese legten die erwachsenen Gefangenen in schwere Ketten und zwängten sie in den Laderaum des Schiffes. Dort war es furchtbar eng und schmutzig. Nach kurzer Zeit brachen Krankheiten aus. Viele Menschen starben während der Überfahrt.
Olaudah durfte sich an Bord des Schiffes frei bewegen, weil er noch ein Kind war. Doch er war so traurig und verängstigt, dass er nicht essen wollte. Die Weißen schlugen ihn mit einer Peitsche, um ihn zum Essen zu zwingen.

Schließlich erreichte das Schiff Amerika. Olaudah und seine Leidensgenossen wurden als Sklaven verkauft.

Unzählige solcher Sklavenschiffe kamen zwischen 1550 und 1850 in Amerika an. Mehr als 10 Millionen Afrikaner wurden aus ihrer Heimat verschleppt. Die meisten mussten Zuckerrohr, Tabak oder Baumwolle für die Weißen anbauen. Sie arbeiteten von Sonnenaufgang bis Sonnenuntergang. Geld bekamen sie dafür nicht. Viele bekamen auch zu wenig zu essen. Sie waren Eigentum der Weißen und hatten keine Rechte. Wenn sie nicht gehorchten, wurden sie ausgepeitscht. Sie konnten auch jederzeit weiterverkauft werden. Seit der Mitte des 18. Jahrhunderts wandten sich immer mehr Weiße gegen das Unrecht der Sklaverei. 1865 wurde der Besitz von Sklaven in Amerika verboten.

55.1 Sklaven und Aufseher auf den Feldern einer Baumwollplantage.

Stellt dieses Bild nach:

– Ein Schüler oder eine Schülerin bringt die anderen Spieler in die richtige Position und formt ihre Körperhaltung, bis sie so aussehen wie auf dem Bild.

– Die Personen des Standbildes bewegen sich für eine kurze Zeit nicht.

– Eine Beobachterin oder ein Beobachter tritt hinter einen Spieler, legt eine Hand auf dessen Schulter und stellt Fragen, die dieser beantworten muss.

– Mögliche Fragen: Wer bist du? Wie alt bist du? Was machst du hier? Was siehst du? Wie fühlst du dich? ...

– Alle Beteiligten sprechen über das Bild und ihre Gefühle.

55.2 Vorbereitung eines Sklavenverkaufs. Der Interessent prüft, ob der Sklave gesund ist.

 1. Besorgt euch aus einer Bibliothek Material zum Thema Sklaverei.

56 ••• Pflanzen erobern die Welt

Christoph Kolumbus lernte bei den Indianern als erster Europäer Tabak und Zigarren kennen. Die Indianer in Südamerika kauten auch Blätter des Coca-Strauches. Diese haben eine anregende Wirkung und vertreiben den Hunger.
In Amerika lernten die Eroberer noch andere Pflanzen kennen, die schnell bei den Europäern zu wichtigen Nahrungsmitteln wurden. Dazu gehörten Kartoffeln, Mais, Bohnen, Kürbis, Paprika

56.1 Raucherclub in Holland. Rauchen gehörte im 16. und 17. Jahrhundert oft zum geselligen Beisammensein.

und Tomaten. Auch die Sonnenblume, die Erdnuss und der Kakao stammten ursprünglich aus Amerika.

 1. Sucht in der Abbildung alle Lebensmittel, die ursprünglich aus Amerika kommen.

Kompakt

57

Kennst du Amerika?

1. So hießen die Ureinwohner Amerikas.
2. Seefahrer, der 1492 Amerika entdeckte.
3. Dieses Tier jagten die Indianer.
4. Dieses Tier war für die Indianer nicht nur bei der Jagd sehr nützlich.
5. Transportmittel der Indianer.
6. So nannte man die Afrikaner, die nach Amerika verschleppt und dort zur Arbeit gezwungen wurden.
7. Angehörige dieser Glaubensgemeinschaft wanderten 1620 nach Amerika ein.
8. Krankheit, an der viele Indianer starben.
9. Dieses Getränk tranken die Amerikaner nicht mehr, als sie Steuern dafür bezahlen sollten.
10. Was erhofften sich die Eroberer in Amerika?

Von oben nach unten gelesen ergeben die umrandeten Kästchen das
Lösungswort: _____

Kopiere die Seite und trage dann deine Ergebnisse in das Rätsel ein.

Von der Reformation zum Dreißigjährigen Krieg

Die Seelenfischerei. Gemälde von Adriaen van de Venne, 1614.

Adriaen van de Venne hat die Teilung der Kirche bildlich dargestellt.
Die Fischer sollen Angehörige der beiden Glaubensrichtungen sein. Sie fangen mit ihren Netzen Menschen. Das heißt, sie versuchen diese von ihrem Glauben zu überzeugen.

Am linken Ufer stehen die evangelischen Gläubigen, am rechten Ufer die Katholiken.

Der Maler hat sich selbst auch gemalt (siehe ○). Zu welcher Glaubensrichtung gehörte er wohl?

Katholischer Priester und protestantischer Pfarrer

Einige von euch gehören der katholischen Kirche an. Andere sind evangelisch.
Diese beiden Richtungen der christlichen Kirche gab es nicht immer.
In diesem Kapitel erfährst du, wie es zur Teilung der Kirche gekommen ist.

Das Geschäft mit der Angst

60.1 Teuflische Köchinnen braten die Verdammten in der Hölle. Ausschnitt aus einem Altarbild von Hieronymus Bosch. Um 1504.

Am Ende des 15. Jahrhunderts glaubten viele Menschen, das Ende der Welt sei nah. Sie stellten sich das etwa so vor: Gott hält Gericht. Er urteilt über die guten und schlechten Taten der Menschen. Er entscheidet, wer in die Hölle und wer in den Himmel kommt.

Über die Hölle hatten die Christen die schrecklichsten Vorstellungen. In vielen Kirchen gab es Bilder darüber. Gläubige Menschen versuchten das Wohlwollen Gottes durch ein frommes Leben zu erreichen. Sie bemühten sich, schlechte Taten durch gute Taten wieder auszugleichen.

Die Kirche zeigte den Christen noch einen Weg, die Hölle zu vermeiden. Wenn sie schlechte Taten als Sünde bereuten und dies durch Geldspenden zeigten, würde ihnen etwas von ihrer Sündenschuld abgelassen – Ablass nannte man das. Der Papst ließ also durch Prediger Ablassbriefe verkaufen. Viele Prediger achteten aber nur auf die Geldeinnahmen, nicht auf die Reue.

Diesen Ablasshandel kritisierten viele Gläubige. Auch gefiel ihnen nicht, dass Adlige hohe geistliche Ämter kaufen durften.
Sie mussten nicht einmal eine Ausbildung zum Priester haben.

61.1 Papst Julius II. (1443 – 1513) verwendete das Geld aus dem Ablasshandel für den Bau der größten Kirche, die die Welt bis dahin gesehen hatte. Die Peterskirche in Rom ist 186 m lang und kann 60.000 Menschen aufnehmen.

Viele Geistliche forderten hohe Abgaben für Taufen, Hochzeiten und Beerdigungen von den Bauern. Sie kümmerten sich aber nicht um die Gemeinde. Manche hielten nicht einmal regelmäßige Gottesdienste ab.

Deswegen forderten einige Geistliche zu Beginn des 16. Jahrhunderts Veränderungen in der Kirche. Einer von ihnen hieß Martin Luther.

61.2 Verkauf eines Ablassbriefes. Dies ist ein Spottbild, denn der Mönch reitet einen Esel. Flugblatt von 1517.

 1. Stell dir vor, der jüngere und der ältere Mann sind sich nicht einig, ob sie den Ablassbrief kaufen sollen. Was könnten sie sagen?

 2. Überlegt gemeinsam, was euch schreckliche Angst macht. Was tut ihr gegen eure Ängste?

62 ••• Martin Luther kritisiert die Kirche

62.1 Martin Luther bei der Hausmusik im Kreise seiner Familie.

These:
Lehrsatz

Evangelium:
Gute Botschaft. Die Teile der Bibel, die über das Leben von Jesus berichten

Am 31. Oktober 1517 schickte der Theologieprofessor Martin Luther einen Brief an den Erzbischof von Mainz. Darin beschwerte er sich über den Ablasshandel. In 95 Thesen erklärte er seine Meinung. Er wollte damit anfangs Gelehrte auf Missstände in der Kirche hinweisen. Doch Luthers Thesen wurden auf Flugblättern schnell verbreitet und viele Menschen stimmten begeistert zu. Die Kirchenfürsten fühlten sich bedroht. Der Papst schloss Luther aus der Kirche aus. Auch Kaiser Karl V. wollte Luther zwingen, seine Kritik an der Kirche zurückzunehmen.

Luther ließ sich nicht umstimmen. Deshalb verhängte der Kaiser die Reichsacht über ihn. Das heißt, Luther wurde rechtlos. Jeder durfte ihn festnehmen oder töten. Luther konnte sich auf der Wartburg in Thüringen verstecken.

Dort übersetzte er einen Teil der Bibel, das Neue Testament (Evangelium), aus der lateinischen Sprache ins Deutsche. Jetzt konnte es jeder verstehen. Luther hielt diesen Teil der Bibel für besonders wichtig. Deshalb wurde seine Lehre später „evangelisch" genannt.

Luther durfte 1521 wieder in Wittenberg lehren und predigen. 1525 verstieß Luther erneut gegen die Regeln der Kirche. Als Mönch war er zur Ehelosigkeit verpflichtet. Er heiratete jedoch die aus einem Kloster weggelaufene Nonne Katharina von Bora. Seine Frau führte ihm den Haushalt. Sie verdiente Geld durch Viehzucht und Bierbrauerei. Die Familie Luther wurde zum Vorbild. Evangelische Pfarrer durften heiraten. Das Pfarrhaus wurde ein Mittelpunkt in den Gemeinden.

Um die Mitte des 16. Jahrhunderts gab es viele grundsätzliche Unterschiede zwischen der Lehre Luthers und der Lehre der römischen Kirche. Einige Gegensätze sind hier aufgeführt:

Wer hat das gesagt? Äußerungen um das Jahr 1550

Die Tabelle: **die römische Kirche – Luther** ist durcheinander geraten. Ordne die Äußerungen in der Tabelle richtig zu:

- Nur der Papst und die Kirche können die Bibel richtig auslegen. Deswegen bestimmen sie allein, was der richtige Glaube ist.
- Den richtigen Glauben findet man durch die Bibel. Entscheidend ist das Evangelium.
- Wer gute Werke tut, kann in den Himmel kommen.
- Die Sprache im Gottesdienst ist Latein.
- Vor Gott ist nur der Glaube entscheidend. Ohne den Glauben sind gute Werke, z. B. Spenden an die Armen, nutzlos.
- Priester sollen unverheiratet bleiben.
- Geistliche dürfen heiraten.
- Die Sprache im Gottesdienst soll Deutsch sein.

Lehre der römischen Kirche um 1550	Lehre Luthers

63.1 Illustration einer Lutherbibel von 1546. Der Papst, erkennbar an der Papstkrone, erscheint als Tier aus der Hölle. Ihm gegenüber stehen die Propheten Moses und Elias. Sie verkünden das reine Wort.

64.1 Konfessionen in Europa.

Konfessionen:
Die verschiedenen religiösen Bekenntnisse innerhalb des christlichen Glaubens

Konzil:
Versammlung von Bischöfen und anderen kirchlichen Würdenträgern

Die Lehre Martin Luthers fand schnell viele Anhänger. Auch viele Fürsten schlossen sich der Reformation an. Sie taten dies nicht nur aus religiösen Gründen. Sie zeigten damit, dass sie vom katholischen Kaiser unabhängig sein wollten. Außerdem bekamen die evangelischen Landesherren einen großen Teil des aufgelösten Klosterbesitzes.

Neben Luther forderten noch andere Reformatoren Veränderungen in der Kirche. Einer von ihnen war der Geistliche Jean Calvin. Anfangs versuchten er und Luther eine gemeinsame Lehre auszuarbeiten. Doch über einige Punkte konnten sie sich nicht einigen. Neben der lutherischen Kirche entstand so die calvinistische oder reformierte Kirche.

Auch innerhalb der katholischen Kirche gab es Reformen. Zwischen 1545 und 1563 tagte mit längeren Unterbrechungen ein Konzil in Trient.

Die Beratungen führten zu folgenden Ergebnissen:

- Die katholische Kirche erklärte die reformierte und lutherische Lehre für falsch.
- Der Handel mit Ablassbriefen wurde eingeschränkt.
- Die Priester erhielten eine bessere Ausbildung.
- Geistliche Ämter sollten nicht mehr verkauft werden.
- Geistliche hatten nun die Pflicht, ihren festen Wohnsitz in ihrer Gemeinde zu nehmen.

Rauferei unter frommen Männern – ein Bild verstehen

Das Bild wurde 1619 als Flugblatt veröffentlicht. Luther, Calvin und der Papst streiten sich. Auf dem Bild sieht man auch einige Streitpunkte.

Suche diese Dinge auf dem Bild links.

① Heiliger Sebastian: Luther und Calvin lehnten die Heiligenverehrung ab.

② Bibel: Calvin und Luther erkannten nur die Bibel als Glaubensgrundlage an.

③ Kanzel: Von hier aus hält der evangelische Priester seine Predigt.

④ Tiara: Krone des Papstes. Für die Katholiken ist der Papst das Oberhaupt der Kirche.

⑤ Jesus am Kreuz: Der Papst sieht sich als Stellvertreter von Jesus.

⑥ Ablassbrief.

1. Liste mithilfe der Karte jeweils die Gebiete auf, die reformiert, lutherisch und katholisch waren.

2. Beschreibe das Bild: Wie sind Luther, Calvin und der Papst dargestellt? Überlegt, welche Meinung hatte der Verfasser zum Streit.

Die Bauern fordern Freiheit

66.1 Ein Bauer folgt einem Mönch mit seinen Abgaben zum Kloster. Holzschnitt 1522.

66.2 Aufständische Bauern versammeln sich. Holzschnitt von Hans Tirol.

Am Heiligen Abend des Jahres 1524 saßen mehrere Bauern in einem Wirtshaus zusammen und diskutierten. Sie waren sehr unzufrieden. Martin Luther hatte gesagt:

„Ein Christenmensch ist ein freier Herr über alle Dinge und niemandem untertan."

Viele Bauern aber waren Leibeigene ihrer Grundherren. Ihre Ernten waren nicht gut ausgefallen. Trotzdem forderten die Grundherren hohe Abgaben von ihnen. Oft sollten sie außerdem noch für die Grundherren arbeiten. Lohn bekamen sie dafür nicht.

Die Bauern beschlossen, sich zu wehren. Gemeinsam zogen sie von Dorf zu Dorf zu den Bauern der Nachbargemeinden. Sie besprachen ihre Probleme und zogen dann alle zum nächsten Dorf. Schließlich kamen ungefähr 15.000 Männer zusammen. Sie wollten von ihren Herren eine Verbesserung ihrer Situation fordern. Doch niemand unter ihnen traute sich zu, vor den Fürsten richtig aufzutreten und zu reden.

Sie überredeten den Handwerker Ulrich Schmid, die Führung der Verhandlungen zu übernehmen. Dieser arbeitete gemeinsam mit einem weiteren Handwerker, der gut schreiben konnte, zwölf Artikel aus. Diese fassten die Beschwerden der Bauern zusammen.

Die Fürsten gingen jedoch auf die Forderungen der Bauern nicht ein. Sie versuchten nur Zeit zu gewinnen. Viele Bauern wurden ungeduldig und überfielen Schlösser und

Leibeigener: Bauer, der mit seiner ganzen Person dem Grundherrn gehörte. Dieser konnte unbegrenzt Dienste von ihm fordern.

Aus den zwölf Artikeln:
Art. 1: Die Gemeinde soll ihren Pfarrer selbst wählen.
Art. 2: Die Gemeinde soll weniger Abgaben an die Kirche bezahlen.
Art. 3: Die Leibeigenschaft soll abgeschafft werden.
Art. 4: Die Bauern wollen frei jagen und Fische fangen.
Art. 6: Die Bauern wollen weniger Dienste für die Grundherren leisten.
Art. 12: Alle Forderungen sind aus dem Evangelium abgeleitet. Das heißt, sie verstoßen nicht gegen Gottes Wort.

67.1 Bauern plündern ein Kloster.

Klöster. Doch schließlich hatten die Fürsten genug Soldaten aufgestellt. Sie griffen die aufständischen Bauern an und besiegten sie. Viele wurden gefangengenommen und zum Tode verurteilt.

Solche Bauernaufstände gab es um 1525 an vielen Orten in Deutschland. Die meisten wurden von den Fürsten blutig niedergeschlagen.

67.2 Gericht über Bauern. Holzschnitt von Hans Burgkmair.

 1. Stell dir vor, du bist der Bauer in Abb. 66.1. Was denkst du, während du hinter dem Mönch hergehst?

 2. Erkläre, wie es den Bauern gelang, 15.000 Männer zu versammeln, obwohl es noch keine modernen Mittel der Verständigung gab (Telefon, Zeitung, Radio, Fernsehen …).

 3. Überlegt, worüber die Bauern in Abb. 66.2 diskutieren. Schreibt Dialoge.

68 ●●● Projektidee: Ein Puppenspiel zum Bauernkrieg

Das braucht ihr:
- Styroporkugel, 15 cm (Kopf), alte Zeitungen, Rundstäbe Ø 10 mm, Länge 1 m, Ø 6 – 8 mm, Länge 30 cm, Klopapierrolle (Hals),
- Kleiderbügel aus Holz, Stoff (ca. 50 x 100 cm) 2 rosa Filzstücke (Hände)
- Woll- und Stoffreste, Watte, Felle, Hanf, Knöpfe u. Ä. Klebstoff, Schere, Pinsel, Nadel und Faden, Kleister
- Dispersionsfarben in weiß, blau, rot, gelb, schwarz
- Klarlack, Angelschnur, Tesakrepp, Blumendraht
- Pappe (leere Schachteln)
- Ein Bohrer, Ø 9 mm, dazu Handbohrmaschine,
- Teppichmesser, Säge

Tipps zum Spiel:
- Die Puppen treten von links oder rechts auf (nicht von oben).
- Bewege die Puppe langsam. Vermeide beim Gehen Hoppeln oder Hüpfen.
- Sprechen zwei Puppen miteinander, sehen sie sich an. Bewegt wird nur die sprechende Puppe.
- Bei starken Gefühlen bewegt beide Arme gleichzeitig.
- Soll eine Puppe mit fröhlichem Gesicht weinen, drehe ihr Gesicht vom Publikum weg. Führe ihre Hände vor ihr Gesicht und mach kleine Schüttelbewegungen.
- Übe die Puppenführung vor einem großen Spiegel.

 1. Schreibt in Gruppenarbeit Spielszenen zu den Bildern auf Seite 66.

 2. Entwerft Kulissen für eure Szenen. Seht euch dazu die Bilder an.

 3. Damit euer Puppenspiel noch besser gelingt, besorgt euch in der Stadtbibliothek weitere Bilder und Informationen zum Thema *„Leben der Bauern zu Beginn des 16. Jahrhunderts und im Bauernkrieg."*

69.1 Die Bühne von hinten.

69.2 Anleitung für den Bau einer Puppe.

So werden die Puppen gebaut:

Angerührten Kleister bereitstellen.

1. Bohre ein Loch mitten durch die Kugel. Stecke den Stab so weit hinein, dass er an einem Ende 10 – 15 cm herausragt.

2. Nase, Kinn und Ohren kannst du mit Blumendraht vorformen.

3. Schneide die Klopapierrolle von einer Seite 1 – 2 cm tief ein. Bestreiche sie mit Klebstoff. Schiebe die Rolle über das längere Stabende an den Kopf.

4. Alle Teile werden mit Tesakrepp gesichert.

5. Tauche Zeitungsschnipsel in Kleister und klebe damit ein paar Schichten um den Kopf. Forme dabei das Gesicht.

6. Nach dem Trocknen male das Gesicht an. Wenn es fertig ist, überpinsele es mit Klarlack.

7. Bekleide die Puppe: Schneide Löcher in die Klopapierrolle. Drehe die Puppe um. Zieh das Kleid (Stoff 50 x 100, Loch in der Mitte) über die Klopapierrolle. Steck den Kleiderbügel durch die vorbereiteten Löcher (mit Tesakrepp sichern). Umdrehen, fertig!

8. Hände: Falte ein Stück Filz zusammen. Zeichne die Form einer Hand (Fäustling) darauf. Nähe entlang der gezeichneten Linie. Schneide die überstehenden Reste ab. Wende den Stoff. Stopfe Watte hinein. Die Hände werden an den äußersten Rockzipfeln angenäht.

9. Verbinde die Hände mit einer 50 – 70 cm langen Nylonschnur mit dem Rundstab.

10. Verschönere die Puppe: Haare, Bart, Kopftuch, Schal ...

Der Dreißigjährige Krieg

70.1 Die Erstürmung Magdeburgs. Kupferstich von M. Merian.

Zu Beginn des 17. Jahrhunderts verschärften sich die Auseinandersetzungen zwischen dem Kaiser und den protestantischen Fürsten. Am 23. Mai 1618 kam es in Prag zu einem folgenschweren Zwischenfall. Böhmische Adlige drangen in die Prager Burg ein und warfen die beiden Statthalter des Kaisers aus dem Fenster. Sie protestierten damit gegen eine Einschränkung ihrer religiösen und politischen Freiheiten.

Mit dem Prager Fenstersturz begann ein Krieg, der dreißig Jahre dauerte. Fast alle Länder Europas waren daran beteiligt. Die Kämpfe fanden hauptsächlich auf dem Boden des Deutschen Reiches statt. Erst 1648 schlossen die Monarchen und Fürsten Frieden. Unter anderem wurde darin die Gleichberechtigung der Katholiken, Lutheraner und Calvinisten festgelegt.

Während des Dreißigjährigen Krieges zogen riesige Heere durch das Land. Sie verwüsteten weite Teile des Reiches. Viele Städte wurden zerstört. Im Mai 1631 stürmten zum Beispiel kaiserliche Truppen mit 30.000 Mann und 85 Geschützen die protestantische Stadt Magdeburg. Die Soldaten zogen plündernd und mordend durch die Stadt und zündeten Häuser an.

Von den 20.000 Einwohnern Magdeburgs überlebten nur wenige.

Die Bevölkerung litt furchtbar unter dem Krieg. Die vielen Soldaten, die durch das Land zogen, forderten Unterkunft und Verpflegung. Häufig nahmen sie mit Gewalt, was sie brauchten. Dann zündeten sie die Häuser an und verwüsteten die Felder. Männer wurden oft dazu gezwungen, sich den Truppen anzuschließen. Es kam zu schrecklichen Hungersnöten und Seuchen brachen aus.

Auch das Soldatenleben war schwer. Ein Soldat schrieb 1634 an seine Frau:

71.1 Ein gefangener Bauer. Was könnte in den Säcken sein?

> Ach, meine tausend herzallerliebste Agatha, was mich betrifft bin ich halb gesund und voller Läuse. Wir sind als Nichts geachtet. Wir liegen vor der Stadt unter freiem Himmel. Nun, in drei Monaten bin ich nicht aus den Kleidern gekommen. Wir haben nicht einmal Stroh zum Schlafen. Großen Mangel leiden wir. Alle vier Tage bekomme ich ein Pfund Brot und nicht mehr.

71.2 Kriegsversehrte Soldaten beim Betteln. Radierung, 1633.

 1. Berichte aus der Sicht eines Stadtbewohners über die Erstürmung von Magdeburg. Das Bild 70.1 kann dir dabei helfen.

 2. Versuche dich in die Lage des Bauern in Abb. 71.1 zu versetzen. Du musstest wahrscheinlich zusehen, wie die Soldaten dein Dorf plünderten. Welches Schicksal dich erwartet, weißt du nicht. Was denkst du auf dem Weg ins Lager der Soldaten?

 3. Informiere dich, ob es im Museum deiner Stadt Ausstellungsstücke aus der Zeit des Dreißigjährigen Krieges gibt.

Hexenjagd

72.1 Auf diesem Gemälde von 1580 ist Rebekka Lemp als Zweite von links abgebildet.

Rebekka Lemp lebte mit ihrem Mann und ihren sechs Kindern in der süddeutschen Stadt Nördlingen. Sie war eine angesehene, fromme Frau.
Doch am 1. Juni 1590 wurde sie plötzlich verhaftet und ins Gefängnis gebracht. Eine andere Frau hatte sie beschuldigt, eine Hexe zu sein.

Rebekka wehrte sich gegen diesen unsinnigen Vorwurf. Doch die Gerichte dieser Zeit glaubten, dass man die Wahrheit nur durch die Folter erfahren konnte. Rebekka wurde zwei Tage lang gequält.

Dann hielt sie die Schmerzen nicht mehr aus. Sie „gestand", einen Pakt mit dem Teufel geschlossen zu haben. Außerdem beschuldigte sie sich selbst, mehrere Morde begangen und Kinder gegessen zu haben. Ihr Mann schrieb verzweifelte Bittschriften an den Rat der Stadt. Doch es gab keine Rettung. Am 9. September 1590 wurde Rebekka Lemp im Alter von 40 Jahren verbrannt.

Hexen gab es im 17. Jahrhundert genauso wenig wie heute. Viele Dinge konnten die Menschen sich damals jedoch nicht erklären. Manchmal starb ganz plötzlich ein Angehöriger oder die Kuh gab keine Milch mehr. Es geschah auch, dass Unwetter die Ernte vernichteten oder Seuchen ausbrachen. Dann glaubten die Menschen schnell an die Schuld von Hexen. Mönche schrieben Bücher darüber, woran man Hexen erkennen konnte und was man gegen sie tun sollte.

Vom Ende des 15. bis zum Ende des 17. Jahrhunderts kam es zu vielen Hexenprozessen. Jede Frau konnte verdächtigt werden.

Besonders gefährdet waren Frauen, die fremd im Dorf waren oder unverheiratet. Auch Hebammen gerieten in Verdacht, weil sie medizinische Kenntnisse hatten.

Ein Hexenprozess konnte aber auch aus Geldgier geführt werden. Wenn die Angeklagten Besitz hatten, wurde ihnen alles weggenommen. Richter, Folterer und Henker bekamen einen Anteil.

73.1 Hexenzauber.

73.2 Folterung von Hexen.

So verlief ein Hexenprozess

1. Eine Frau wurde verdächtigt und verhaftet.
2. Der Prozess begann mit einer Befragung der Verdächtigen.
3. Man zeigte ihr die Folterinstrumente.
4. Wenn die Angeklagte sich weiter gegen die Vorwürfe wehrte, wurde sie gefoltert. Dann wurde sie wieder befragt.
5. Die Folter wurde immer schärfer. Die meisten Angeklagten sagten schließlich alles, was von ihnen verlangt wurde.
6. Nun war für das Gericht die Schuld der Angeklagten erwiesen.
7. Die Angeklagte wurde zum Tode durch Verbrennen verurteilt.
8. Das Urteil wurde vollstreckt. Nur wenige Frauen überstanden einen Hexenprozess, ohne sich selbst zu beschuldigen. Die meisten von ihnen starben kurz nach ihrer Entlassung an den Folgen der Folter.

1. Zählt die Gründe für die Hexenverfolgungen auf.

2. Erklärt, warum eine Angeklagte in einem Hexenprozess kaum eine Chance hatte, ihre Unschuld zu beweisen.

3. Glauben Schüler heute noch an Zauberei?
   Macht dazu eine Umfrage. Entwerft vorher einen Fragebogen.
   Mögliche Fragen: Trägst du ein Amulett?
                   Ist es ein schlechtes Zeichen, wenn dir eine schwarze Katze über den Weg läuft?
                   Gibt es Hexen? ...

74 ●●● Neuigkeiten verbreiten sich immer schneller – Der Buchdruck wird erfunden

74.1 Druckerwerkstatt im 17. Jahrhundert. Stich von Hans Merian.

Um 1450 erfand Johannes Gutenberg den Buchdruck mit beweglichen Buchstaben. Bei diesem Verfahren wurde der Text aus einzelnen Buchstaben aus Blei zusammengesetzt. Nach dem Drucken konnten diese für eine neue Seite wiederverwendet werden.

Gutenbergs Erfindung war sehr wichtig für die Reformation. Die neuen Ideen wurden in Büchern und auf Flugblättern schnell verbreitet. Luthers Übersetzung der Bibel wurde zum ersten Bestseller. Bis 1546 wurde etwa eine Million Exemplare gedruckt.

 1. Suche folgende Arbeitsschritte auf dem Bild: *Der Schriftsetzer setzt die Buchstaben im Setzkasten. Die Druckform wird schwarz gefärbt. Papier und Druckform werden in der Druckerpresse gepresst. Frische Druckbogen werden getrocknet. Die Bögen werden kontrolliert.*

Kompakt

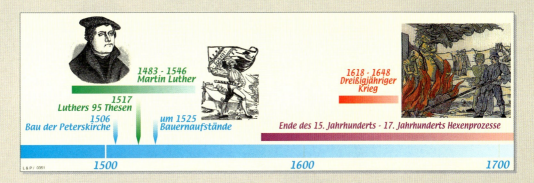

Diese Bilder hast du schon einmal gesehen!

Welcher Konfession gehören diese beiden Kinder an?

Wodurch ist dieser Mann berühmt geworden?

Wo befinden sich diese Leute?

Worüber sprechen diese Männer?

Erzähle vom Schicksal dieser Frau!

Was schleppt dieser Mann? Wie fühlt er sich?

Trage deine Ergebnisse auf ein separates A4-Blatt ein.

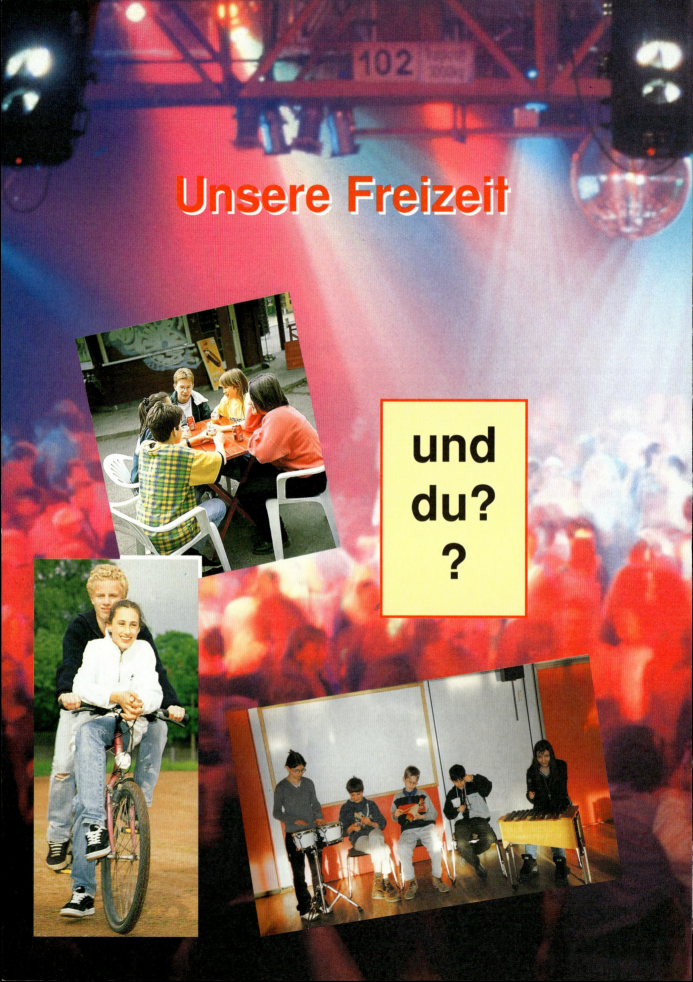

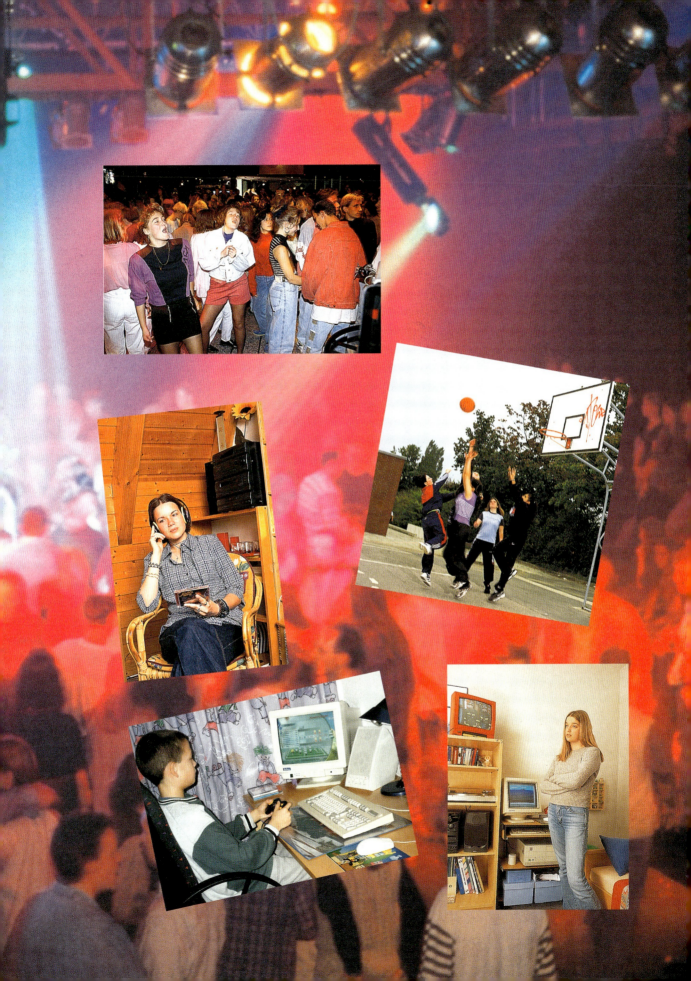

Unsere Freizeit

Unsere Freizeit brauchen wir zur Erholung von Arbeit und Unterricht. Viele sagen: In der Freizeit können wir tun, was wir wollen.
Manchmal wollen Menschen mit anderen etwas gemeinsam tun (etwa bei der Feuerwehr oder im Handballverein), manchmal wollen sie sich lieber allein beschäftigen (z. B. lesen).

Einige Leute wollen in ihrer Freizeit sogar lernen (z. B. an einer Volkshochschule), andere wollen gar nichts tun.

Langeweile muss nicht sein. Es ist deshalb wichtig, dass wir über unsere Hobbys und Begabungen Bescheid wissen.

Melanie aus Dresden

- Am liebsten kaufe ich mit meiner Freundin ein oder ich treffe mich mit meiner Clique im Freizeitheim.
- In meiner Freizeit gehe ich zum Jazz-Dance. Ab und zu haben wir sogar Aufführungen bei Festen.
- Weil ich viel unterwegs bin, habe ich kaum Zeit zum Fernsehen und Faulenzen.

Fabian aus Konstanz

- In meiner Freizeit bin ich am liebsten alleine. Ich sitze stundenlang am Computer. Entweder surf ich im Internet oder ich mach Computerspiele.
- Mannschaftsspiele wie Fußball oder Basketball find ich nicht so gut, da man immer auf die anderen Rücksicht nehmen muss. Deshalb halte ich mich im Fitnessstudio und beim Radfahren fit.
- Wenn ich abends rausgehe, geh ich gern ins Kino.

1. Frage deinen Nachbarn, was er in seiner Freizeit mit anderen zusammen und was er lieber allein macht.

2. Schneide Freizeitangebote aus Zeitungen, Zeitschriften und Prospekten aus; klebe sie auf ein Plakat.

 1. Sammle alle Freizeitangebote, die es in eurem Wohnort oder Schulort gibt. Sucht in der örtlichen Zeitung und fragt die Schüler in anderen Klassen. Erkundigt euch bei der Gemeindeverwaltung, beim Jugendamt und bei kirchlichen Gruppen.

 2. Was unterscheidet das Angebot des Golfclubs von den anderen Freizeitangeboten?

 3. Auf der Seite 78 hast du bei der Aufgabe 2 ein Plakat gemacht; unterscheide bei diesem Plakat, welche Hobbies Geld kosten und welche Hobbies kein Geld kosten. Welches der Hobbies kannst du dir leisten?

80 ••• Elektronische Medien

In den letzten hundert Jahren sind zahlreiche Erfindungen gemacht worden, die unser Leben interessant und bunt machen können. Ein Beispiel: Das weltweit erste Fernsehprogramm wurde im Jahr 1929 in Großbritannien ausgestrahlt. Viele Menschen können sich ihren Alltag ohne elektronische Medien gar nicht mehr vorstellen. Dazu gehören neben dem Fernsehen u. a. noch Radio, Videorekorder, Plattenspieler, CD-Spieler, Videokamera, Handy, Walkman, Plattenspieler, Kinovorführgerät, Kassettenrekorder, Heimcomputer.

1. Wie verbringt das Mädchen seine Freizeit? Diskutiert.

2. Wie lange habt ihr in der letzten Woche vor dem Fernseher gesessen? Wie lange vor einem Videofilm; vor dem Computer; vor der Playstation; vor anderen elektronischen Medien? Zählt alle Stunden zusammen.

3. Welche Sendungen kennt ihr, zum Beispiel Nachrichten, Sport, usw.? Welche davon gefallen euch am besten?

4. Stellt euer Wunschfernsehprogramm für eine Woche zusammen. Diskutiert über eure unterschiedlichen Programme.

Comic A

Comic B

 1. Was passiert in Comic „A"? Erzählt danach die Geschichte weiter.

2. Was passiert in Comic „B"? Erzählt danach die Geschichte weiter.

Spielt eine TV-Talkshow nach! – Thema der Talkshow: „Würden Sie es Ihren Kindern erlauben, Horrorfilme anzuschauen"?
Dabei gibt es verschiedene Rollen:
A) Die Eltern, denen es unwichtig ist, was ihre Kinder im Fernsehen anschauen.
B) Die Eltern, die ihren Kindern nicht erlauben, Horrorfilme anzuschauen.
C) Die Eltern, die ihren Kindern das Fernsehen verbieten.
D) Die Moderatorin, die dafür sorgt, dass die Talkshow fair abläuft.
E) Die Zuschauer, die gut zuhören sollen.
Tipp: Vorher sollen die Darsteller sich über das, was sie sagen wollen, Gedanken machen.

82 ••• Freizeit mit Risiken und Nebenwirkungen

Alkoholische Getränke wie Bier, Wein oder Schnaps gehören zu den Getränken, die bei allen Gelegenheiten angeboten werden. Alkohol ist eine erlaubte Droge.

Wenn wir Probleme haben, werden diese durch Drogen eher verstärkt als beseitigt. Dazu schreibt die Bundeszentrale für gesundheitliche Aufklärung:

> „Wer seine Probleme ständig mit Alkohol zu lösen versucht, bei dem besteht die Gefahr, dass er eines Tages nicht mehr davon loskommt. ... Durch regelmäßiges Trinken gewöhnt sich der Körper an Alkohol. Schließlich braucht man Alkohol so, wie man Nahrung braucht. Ohne ihn fühlt man sich krank und elend ... Man trinkt so lange, bis man sich langsam selbst ruiniert hat."
>
> (Bundeszentrale für gesundh. Aufklärung: Alkohol einmal anders gesehen, Köln o. J., S. 10f.)

1. Was haltet ihr von den Meinungen der Personen oben auf dieser Seite? Sprecht darüber.
2. Warum trinkt Oliver so viel Bier?
3. Welche Folgen hat die Abhängigkeit vom Alkohol?

Karsten und Jochen treffen sich im Jugendclub. Im Club steigt eine starke Fete.
Jochen hat nicht zuviel versprochen. Die Musik, das Licht, die Leute, das Tanzen . . . es ist großartig. Irgendwann macht Karsten eine Pause vor der Halle, „Ey Karsten", sagt Jochen auf einmal, „ich hab' was für dich. Nimm die Pille hier; die bringt Glück und gibt dir Energie". Karsten: „Was ist denn da drin"? „Da drin ist Ecstasy; das ist Penicillin für die Seele", sagt Jochen. „Los, sei kein Frosch und wirf sie ein"! Karsten: „Nein, ich will nicht. Mir geht es doch hier super"! Jochen: „Mensch Karsten, sei kein Feigling. Mach's wie wir alle hier"! Karsten: „Du, ich will nicht"!

Drogen:
Stoffe, die abhängig und krank machen können

Ecstasy ist eine Droge, die dem Konsumenten viele gesundheitliche Risiken bringen kann, etwa

- Herzrhythmusstörungen
- akutes Nierenversagen
- epileptische Anfälle
- zu hohe Körpertemperatur
- Panikattacken
- Depressionen
- Hirnblutungen
- Hirninfarkte

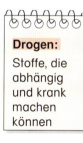

1. Ist Karsten ein Feigling? Sprecht darüber.

2. Spielt das Gespräch zwischen Karsten und Jochen nach. Übt dabei das Nein-Sagen wie Karsten.

3. Überlegt euch andere Beispiele, bei denen es wichtig ist, Nein zu sagen; spielt auch diese Beispiele nach.

4. Im Notfall gibt es Hilfe bei einer BERATUNGSSTELLE.
   Ihr seht hier ein Beispiel aus dem Mainzer Telefonbuch.
   Sucht heraus, wo eine solche Stelle in eurer Nähe ist.

Drogen- u. Jugendberatung	23 45 77
Brücke Münsterstr. 31	
Café Balance	57 47 84
Kontaktladen f. Drogenabhängige Augustusstr. 29a	

5. Schlagt die medizinischen Begriffe in einem Lexikon nach.

84 ●●● Hier arbeiten Leute in ihrer Freizeit

*Julia Schulz (17)
DLRG-Jugend
Frankfurt:*
„Ich engagiere mich, weil ich dann das Gefühl habe nützlich zu sein und gebraucht zu werden. Ich hatte schon immer Interesse am Tauchen und bei der DLRG kann man auch Geräteturnen lernen."

*Stephanie Becker (15)
DRK-Ortsverein
Hemmingen:*
„Zwar bin ich erst seit einem halben Jahr beim DRK dabei, aber ich habe schon die grundlegenden Erste-Hilfe-Maßnahmen erlernt. Demnächst kommt dann die ausführlichere Sanitätsausbildung und darauf freue ich mich schon."

*Tobias Mumm (15)
THW aus Mainz:*
„Mein Vater und mein Bruder sind beim THW, da bin ich mal mitgegangen, und es macht Spaß. Wir lernen etwas über Hilfe und Rettung, üben Knotenknüpfen und Stegbauen. Jeder mit Interesse an Technik kann gerne mal bei uns vorbeischauen."

*Marcel Remmer (21)
Malteser-Ortsgruppe
Waake:*
„1989 wurde bei uns eine Ortsgruppe gebildet. Seitdem bin ich dabei. Heute leite ich zwei Jugendgruppen. Wir beschäftigen uns nicht nur mit Ersthelfermaßnahmen, sondern auch mit Technik, wie etwa der Funkausbildung."

*Axel Müller (14)
Jugendfeuerwehr
Reken:*
„Ich bin seit zwei Jahren dabei und unsere Übungen machen Spaß: Wir werden feuerwehrtechnisch ausgebildet und machen öfter Freizeitfahrten. Im richtigen Rettungseinsatz war ich bis jetzt noch nicht, das darf man erst mit 18 Jahren."

 1. Erkundigt euch nach den hier genannten Organisationen; erklärt die Abkürzungen. Ladet ehrenamtliche Mitglieder ein.

Peter (16) hilft in den Ferien seiner Schwester Susanne (20) beim Tapezieren in ihrer neuen Wohnung.
„Ist doch klar, sie ist meine Schwester. Wir helfen uns immer gegenseitig; im nächsten Jahr brauch' ich vielleicht ihre Hilfe."

Anna (17):
„Mein Nachbar Karl und seine Frau Petra gehen abends manchmal aus. Ich passe dann auf ihren Sohn Julian auf; der ist ein Jahr alt. Ich kann mir so etwas Geld verdienen. Außerdem macht es Julian und mir immer Spaß!"

Kathrin (19) macht jetzt schon im dritten Jahr bei der Obsternte für einige Tage mit; die Eltern ihrer Freundin Eva sind Bauern, die im Herbst jede Hand gebrauchen können:
„Das ist für mich 'ne Abwechslung. Ich bin immer an der frischen Luft; es ist schon anstrengend, dafür ist die Stimmung gut. Und ich kriege Obst direkt vom Bauernhof."

 1. Kennt ihr jemanden, der in seiner Freizeit freiwillig so arbeitet wie Peter, Anna oder Kathrin?

 2. Findet die Unterschiede zwischen den Jugendlichen auf beiden Seiten heraus; sprecht darüber.

RÖMISCHER FREIZEITKURIER

Verbreitungsgebiet Römisches Reich
Zeitung für Unterhaltung, Sport und Theater
23.9.64 n. Chr.

Triumphaler Sieg des blauen Rennstalls

Vor 185 000 Zuschauern gewann der Jockey Marcus von der blauen Partei. Im Hexenkessel des Circus maximus erkämpfte er sich auf der Strecke von insgesamt 8,5 km sicher den ersten Platz. Marcus zeigte allen Freunden des Wagenrennens, wie ein echter Könner die berüchtigten Kurven im Circus maximus meistert. Unter dem rauschenden Beifall seiner Fans drehte er nach der Siegerehrung die verdiente Ehrenrunde.

Die Anhänger der grünen Partei waren tief enttäuscht. Der Wagen ihres Jockeys hatte einen Achsenbruch erlitten, die Anhänger der blauen Partei lachten sie aus, die Wetteinsätze waren verloren. Manch einer unter ihnen hat sicher wehmütig an die alten Zeiten gedacht. Das frühere Spitzenpferd des grünen Rennstalls, der legendäre Incitatus, hatte ein höheres Ansehen als manch ein Mensch. Der damalige Kaiser Caligula schenkte dem Ross sogar ein ganzes Haus mit Möbeln und Sklaven.

Lust auf Abwechslung?

Gehen Sie in's Theater! Aeneas und sein Ensemble laden Sie ein zu einer Komödie im Theater Neapel. Sie werden der Liebe und der Leidenschaft begegnen! Es erwarten Sie die besten Schauspieler Griechenlands mit Orchester, Tanz und Gesang. Es wird Sie faszinieren. <u>Ab nächster Woche!!!</u>

86.1 Kämpfende Gladiatoren.

Gladiator erhält letzte Chance

Im Colosseum wurde vorgestern ein germanischer Secutor (Gladiator mit Schwert, Schild und Helm) durch einen sehr erfahrenen Retiarius (Gladiator mit Dreizack und Netz) nach einem langen und harten Kampf besiegt. Schwer verwundet bat der Germane um Gnade. Sollte sein Leben gerettet werden oder sollte er getötet werden?

Jetzt mussten die Zuschauer ihr Urteil fällen: die Besucher des Colosseums fanden, dass er tapfer gekämpft hatte und zeigten mit ihren Daumen nach oben. Der gesenkte Daumen hätte das Todesurteil bedeutet. Der germanische Gladiator hatte Glück. Er wird weiter im Colosseum kämpfen.

Niedergang der Badeanstalten

Exclusivbericht für den *„Römischen Freizeitkurier"*

„Ich wohne direkt über einer Badeanlage. Hier trainieren Kraftprotze … Während sie sich abmühen oder jedenfalls so tun, als müssten sie sich ab, höre ich Stöhnen, jedes Mal wenn sie den angehaltenen Atem wieder ausstoßen, Zischlaute und ganz gepresstes Atmen … Da höre ich dann das Klatschen der Hand, die auf die Schultern schlägt; je nachdem, ob sie flach oder hohl aufschlägt, ändert sich das Geräusch.

Wenn dann aber ein Ballspieler … hinzukommt und anfängt, die Bälle zu zählen, ist's um mich geschehen. Denk dir noch einen Streithammel dazu und einen ertappten Dieb und einen, der sich im Bad gern singen hört. Denk dir auch noch die hinzu, die mit gewaltigem Klatschen des aufspritzenden Wassers in's Schwimmbecken springen … Und dann noch die unterschiedlichsten Ausrufe der Getränkeanbieter, der Wurstverkäufer, der Zuckerbäcker … : Jeder preist seine Ware in seiner persönlichen, auffallenden Stimmlage an!"   Seneca, Philosoph

Der Kommentar

Traurig, traurig, das Niveau der öffentlich zugänglichen Badeanstalten nähert sich immer mehr dem Tiefpunkt an. Es ist bekannt, dass manche Besucher dieser schönen Thermen nicht zum Baden, sondern zum Weintrinken kommen. Was Seneca schreibt, wird auch von anderen anständigen Römern bestätigt. Die Lage war noch nie so ernst!! Ich appelliere an alle Badbenutzer: Denken Sie daran, ein römisches Bad ist kein Rummelplatz!!

Lucius Columnus

1. Zum Bericht „Triumphaler Sieg..." – Gibt es heute noch solche Fans?

2. Hatte der germanische Gladiator wirklich Glück?

3. Gehören die Gladiatorenkämpfe noch zum Sport?

4. Welche Sportarten werden in der Badeanstalt ausgeübt und was wurde sonst noch angeboten?

5. Besorge dir aus der Bücherei „Asterix als Gladiator". Schau nach, welche Rüstung die verschiedenen Gladiatoren trugen.

88 ••• Zeit für Umweltschutz

88.1 Frankenstadion nach einem Spiel.
88.4 Verdreckter Picknickplatz.
88.2 Auf durch Wald und Feld.
88.3 Wochenende am Badesee.

 1. Beschreibe die Bilder. Was hat der Inhalt mit Freizeit zu tun?

 2. Schreibt auf ein Plakat, wie ihr in eurer Freizeit Abfälle vermeiden könnt (z. B. beim Einkaufen, beim Hobby, im Verein, bei Ausflügen).

3. Spielt ein Gespräch zwischen einem Gastwirt, der vom Fremdenverkehr lebt und seiner Nachbarin, die vom vielen Autoverkehr gestört wird. Die Nachbarin fängt an:
„Es wird immer schlimmer. Im letzten Monat sind bei uns im Ort zwei Kinder von Autos angefahren worden...".

Kompakt: Die Freizeit-Rätselschnecke

Die Rätselwörter sind immer in Pfeilrichtung aufzuschreiben. In jedes Kästchen kommt ein Buchstabe. Ganz wichtig: der erste Buchstabe eines neuen Wortes ist zugleich der letzte Buchstabe des vorherigen Wortes. Alle Wörter haben mit Freizeit (heute oder früher) zu tun. Das erste Wort „MUSIK" ist als Beispielwort schon genannt. Für einige Wörter haben wir als zusätzliche Hilfe einige Buchstaben angegeben.

① Nicht nur junge Leute hören gerne _ _ _ _ _.

② Auf der Kirmes fährt das _ _ _ _ _ _ _ _ _ immer im Kreis.

③ Nichts ist so uninteressant wie die _ _ _ _ _ _ _ _ _ _.

④ Wenn du in deiner Freizeit regelmäßig etwas für andere Menschen, Tiere oder Pflanzen tust, arbeitest du _ _ _ _ _ _ _ _ _ _ _ _.

⑤ Mountainbiker können nicht nur den Berg hinauf, sondern auch _ _ _ _ _ fahren.

⑥ Vielen macht es Spaß, im _ _ _ _ zu lesen.

⑦ Brettspiel _ _ _ _ _.

⑧ Am Wochenende macht die Familie gerne einen _ _ _ _ _ _ _ _.

⑨ Wie hießen die Männer, die im alten Rom vor Zuschauern mit Schwertern und anderen Waffen gegeneinander kämpften (Einzahl)? _ _ _ _ _ _ _ _ _

⑩ Manche Menschen schauen nicht nur Fernsehen, sondern hören auch _ _ _ _ _.

⑪ Alle vier Jahre freuen sich Sportler und Zuschauer auf die _ _ _ _ _ _ _ _ _. Übrigens, im Jahr 2000 fand sie in Sydney, Australien, statt.

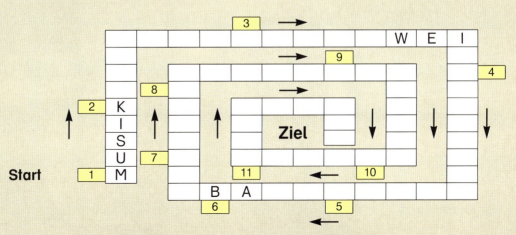

Kopiere die Seite und trage dann deine Ergebnisse in das Rätsel ein.

Arbeit hat viele Gesichter

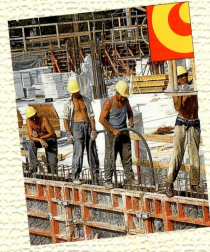

Arbeit

schwer – leicht

behindert – nicht behindert

Lehrling/Auszubildender – Meister

Arbeit
fein – grob
dreckig – sauber
gut bezahlt –
schlecht bezahlt

Kannst du die Arbeitskarten den Bildern zuordnen?
Nicht immer ist eine Zuordnung eindeutig.
Sprecht darüber.

Das Betriebspraktikum – Aus Erfahrungen lernen

Schüler und Schülerinnen der oberen Klassen müssen ein Praktikum ableisten. Dafür suchen sich alle einen Betrieb oder eine Einrichtung aus.

Michael und Lena besuchen die 9. Klasse. Lena macht ihr Praktikum in einer Gärtnerei und Michael bei einem Maler/Lackierer.

Praktikumsbericht von Lena

1. Woche:
„Am Montag um acht Uhr erscheine ich in der Gärtnerei. Ein erfahrener Mitarbeiter geht mit mir durch den Betrieb und zeigt mir meinen Arbeitsplatz. Gleichzeitig stellt er mich allen Kolleginnen vor. Außerdem erzählt er mir viel über meine Aufgaben, Arbeitszeit und die Pflicht anzurufen, falls ich mal krank werden sollte. Im Betrieb tragen alle Mitarbeiter eine besondere Arbeitskleidung und Handschuhe. An manchen Tagen behandelt ein Mitarbeiter mit einer Gasmaske die Blumen mit Pflanzenschutzmittel, dann dürfen wir dort 24 Stunden nicht rein."

Probleme:
Mit Erde und Pflanzen zu arbeiten macht mir sehr viel Spaß.
Wenn nicht mein Betreuer so unfreundlich wäre. Am Montag fragte er mich aus, mit wem ich am Wochenende weg war und was ich unternommen habe. Als ich dann gesagt habe, darüber möchte ich nicht sprechen, fragte er trotzdem immer weiter nach privaten Dingen. Dabei hatte ich ein ziemlich ungutes Gefühl. Am liebsten hätte ich ihn weggeschubst und beschimpft.

Vor dem nächsten Montag habe ich schon richtig Angst, eigentlich möchte ich so etwas nicht noch einmal erleben. Vielleicht bekomme ich ja Kopfschmerzen. Trotzdem würde ich gerne weiter mit Pflanzen arbeiten.

1. Schlüpfe für einen Tag in die Rolle von Lena oder Michael. Was haben sie erlebt? Schreibe die Probleme und die positiven Erlebnisse auf.

Praktikumsbericht von Michael

Seit zwei Wochen arbeite ich bei einem Maler/Lackierer. Der Chef und seine ganze Mannschaft sind wirklich nett und hilfsbereit. Sie nehmen sich für mich jede Menge Zeit und erklären mir alles. Jeden Morgen fahren wir mit einem Kleinbus an unseren Arbeitsort, wie z. B. Wohnungen und Büros.

Probleme:
Leider habe ich gleich zu Beginn gemerkt, dass es für mich sehr schwer ist so früh aufzustehen. Bisher bin ich schon fünf mal zu spät gekommen. Das ist ziemlich doof, weil dann die Malertruppe schon unterwegs ist. Außerdem finde ich die Arbeit ganz schön „ätzend". Dauernd diese giftigen Dämpfe der Lösungsmittel und Lacke einzuatmen kann einen glatt umhauen.

Außerdem habe ich gemerkt, dass man richtig geschickt sein muss, um die Tapete ordentlich anzukleben. Das gleiche gilt für das Malen und Lackieren von Wänden und Türen. Nein, ich glaube für mich ist diese Arbeit viel zu schwierig.

2. Das kann jedem passieren: Probleme mit der Arbeit oder den Kollegen. Spielt in einem Rollenspiel die Erlebnisse von Lena und Michael nach. Wie sollen Lena und Michael sich weiter verhalten? Sucht euer eigenes Ende. Vielleicht helfen euch die kleinen Sätze dabei.

Betriebsrat: Personen, die von den Beschäftigten eines Betriebes gewählt werden und dann deren Interessen vertreten

- BesprXeXche dich mit deinen Eltern/Erziehern.
- Geh zum Betriebsrat oder zur Jugendvertretung im Betrieb.
- Brich sofort das Praktikum ab.
- Geh sofort zu deiner Lehrerin und frage nach Hilfe.
- Dein Chef hat immer recht.
- Geh mit einer Freundin oder mit einem Freund zum Chef und rede mit ihm darüber.

94 ••• Ich muss mich entscheiden

Michael und Lena verlassen nächstes Jahr die Schule.
Sie überlegen wie es beruflich für sie weitergehen wird.

Jeder Mensch hat mehrere Interessen. Es gibt Interessen, zu denen ein bestimmter Beruf gut passt. Die Berufsberater helfen dir den richtigen Beruf zu finden.

Welche Arbeit macht mir Spaß?

Was kann ich eigentlich gut?

Berufe fordern bestimmte Fähigkeiten von dir.

Körperliche Fähigkeiten
- sich bücken können
- lange stehen können
- knien können
- Farben sehen können
- Hand- und Fingergeschick haben

Soziale Fähigkeiten
- andere überzeugen können
- jemandem zuhören können
- miteinander umgehen können
- mit Kritik umgehen können
- Pünktlich sein können
- Zuverlässig sein können
- Verständnis haben ...

Geistige Fähigkeiten
- rechnen können
- lesen können
- schreiben können
- Sätze formulieren können
- sich Fläche und Raum vorstellen können
- dazu lernen können

 1. Michael überlegt, ob er eine Ausbildung bei einer Gebäudereiniger-Firma machen soll? Welche Fähigkeiten werden von ihm verlangt?

 2. Lena weiß, dass es ihr auch großen Spaß macht mit anderen Menschen zusammen zu sein. Sie möchte deshalb in die Altenpflege gehen. Welche Fähigkeiten braucht sie dafür?

 3. Finde heraus, wo deine eigenen Stärken liegen. Bitte einen guten Freund/gute Freundin etwas über deine Stärken und Fähigkeiten zu sagen. Vergleiche das mit deiner eigenen Einschätzung.

"Wie komme ich an Adressen von Ausbildungsstellen, Schulen?"

- Jugend-berufshilfe
- Berufs-beratung, BIZ
- Bekannte, Eltern
- Stellen-anzeigen und Zeitung

- Stell dich kurz vor.
- Frage nach der Person, die für dich zuständig ist.
- Sage kurz worum es geht.
- Frage, ob du dich bewerben oder direkt kommen sollst.

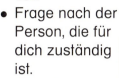

"Ich möchte in einem Betrieb anrufen. Was muss ich beachten?"

Ich bewerbe mich schriftlich.

Bewerbung:

Sehr geehrte Damen und Herren!

Ich bewerbe mich zum 1. Oktober 2001 um einen Ausbildungsplatz im Bereich...

Lebenslauf:

Name: Lena Linn
Anschrift: Marktstr. 73
56345
Oberstadt
Geburts-datum: 05.06.82
Geburtsort: Hofheim

Zeugnis:

Pestalozzi Schule

Beurteilung:
Lenas Verhalten hat gezeigt...

Worauf kommt es bei einem Vorstellungsgespräch an?

- Vereinbare (telefonisch) einen Termin.
- Komme pünktlich.
- Zieh dich weder unordentlich noch piekfein an.
- Setz dich normal und bequem auf den angebotenen Stuhl.

- Lass deine Gesprächspartner ausreden.
- Frage nach, wenn dir etwas unklar ist.
- Stell Fragen, z. B.: Lerne ich mehrere Abteilungen kennen?

Lass dich nicht von Absagen entmutigen!

1. Sammelt aus einer Tageszeitung Stellenanzeigen und Ausbildungs-platzangebote. Formuliert danach selbst eine Stellenanzeige, auf die ihr euch bewerben würdet.

2. Übt Vorstellungsgespräche. Wechselt nach jeder Runde eure Rolle.

3. Ihr habt die Telefonnummer von einem Betrieb, der Lehrlinge sucht. Ruft dort an.

Willkommen im Betrieb

◄ Die Berufsberaterin hat mir gesagt, dass es einfach keine Plätze in meinem Traumberuf als Landschaftspflegerin mehr gibt.

Ich musste mich ganz schnell umstellen.

Lena hat mithilfe des Arbeitsamtes ► eine Ausbildungsstelle als Bandagistin (= Orthopädiemechanikerin) erhalten. Während der 3-jährigen Ausbildung läuft ergänzend Unterricht in der Berufsschule. Das nennt man **Duales System.** Mithilfe von Förderstunden fällt Lena Deutsch und Mathe nicht mehr ganz so schwer.

> In der Ausbildung lerne ich viel Neues. An die körperliche Anstrengung und den Umgang mit so Vielem auf einmal muss ich mich noch gewöhnen.

> Mein „Startberuf" gefällt mir inzwischen irre gut. Ich bin sehr froh, dass aus meinem Traumberuf nichts geworden ist.

> Beim Lernen hat sich bei mir ziemlich viel verändert. Früher war mir alles zu schwer und ich hatte keine Lust auf Schule. Heute weiß ich genau, warum ich mich in Deutsch und Mathe richtig reinhängen muss.

 1. Würdest du für deine Traum-Ausbildung auch weit weg von zu Hause ziehen?

 2. Die Leute von der Berufsberatung vermitteln dir einen Ausbildungsplatz. Leider entspricht er nicht deinem Wunsch. Nimmst du den Platz trotzdem an?

 3. Stell dir vor, es gibt zur Zeit überhaupt keinen Ausbildungsplatz. Hast du schon darüber nachgedacht wie es für dich dann weitergehen könnte?

Michael hat nach einem einjährigen Förderlehrgang eine Arbeit bei einer Gebäudereinigungs-Firma gefunden. Auch als angelernter Arbeiter wird er nicht schlecht bezahlt. ▼

◄ Am Anfang hatte er mit seinem Chef ein wichtiges Gespräch. Dabei hörte Michael, was sein Chef von den Mitarbeitern erwartet.

 1. Viele dieser Fähigkeiten kannst du schon in der Schule trainieren. Ordne die Schlüsselqualifikationen den schulischen Arbeitsformen zu.

BETRIEB	SCHULE
Selbständigkeit	Gruppenarbeit und Projektarbeit
Teamfähigkeit	Gesprächsrunden, in denen über Probleme gesprochen wird, Mathe- und Knobelstunden
Problemlösung	
Für seine Arbeit gerade stehen (Eigenverantwortung)	Wochenplan und Freie Arbeit, Werkstattarbeit
	Selbständige Verbesserungen, Hausaufgaben Selbstkontrolle

 2. Findet heraus, in welchen Unterrichtsstunden ihr Schlüsselqualifikationen übt.

Was ist ein Betrieb?

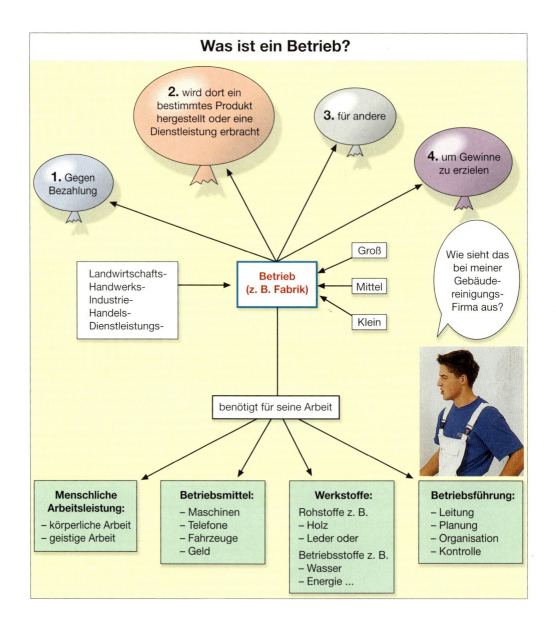

 1. Warum sind Kneipen, Imbissstuben und Arztpraxen Betriebe? Verwende dabei die vier Punkte aus der Grafik oben.

 2. Ist die Schule auch ein Betrieb? Begründe deine Meinung.

 3. Finde für jede Betriebsform ein Beispiel aus deiner Umgebung.

 4. Welche Art von Betrieb würdest du gerne erkunden? Welche Fragen sind dabei für dich wichtig? Organisiert einen Ausflug in einen Betrieb.

In vielen Betrieben mit mehr als fünf Mitarbeitern gibt es einen **Betriebsrat**.

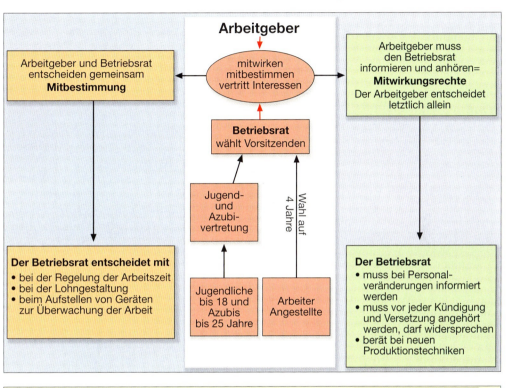

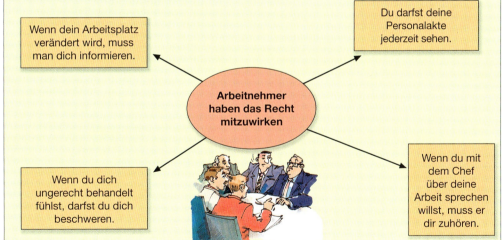

1. Wie steht es um die Mitbestimmungsrechte in der Schule?

2. Warum kämpfen Gewerkschaften um Mitbestimmungsrechte?

3. Ladet Vertreter örtlicher Gewerkschaften ein.

100 ••• Brutto ist nicht gleich netto

Tarif:
Durch Vertrag festgelegte Höhe von Löhnen und Gehältern

Michael liest die Verdienstabrechnung seines Onkels. Dieser ist Metallbauer. Sein Lohn wird nach einem bestimmten Tarif, der für alle Arbeiter eines Betriebes gilt, ausbezahlt.
Der Onkel arbeitet 160 Stunden im Monat bei einem Stundenlohn von 9,59 €. So verdient er 1534 € brutto, nicht aber netto. Sein Reinverdienst liegt niedriger.

Wer wenig verdient muss wenig Steuern zahlen.

Verdienstabrechnung

Name: Martin Muster *Steuerklasse:* 4
Konfessionszugehörigkeit: ev. *Kinderfreibeträge:* 0,5

	Euro	
Lohn	1.533,88 €	
VL (vermögenswirksame Leistung)	26,59 €	
Bruttoverdienst	**1.560,47 €**	
Abzüge:		
Lohnsteuer	− 167,87 €	
Kirchensteuer	− 15,11 €	(9% von der Lohnsteuer)
Solidaritätszuschlag	− 9,23 €	(5,5% von der Lohnsteuer)
Sozialversicherungs-Beiträge		
Krankenversicherung	− 105,33 €	(6,75% vom Bruttoverdienst)
Pflegeversicherung	− 13,26 €	(0,85% vom Bruttoverdienst)
Rentenversicherung	− 150,59 €	(9,65% vom Bruttoverdienst)
Arbeitslosenversicherung	− 50,72 €	(3,25% vom Bruttoverdienst)
	1.048,36 €	
abzgl. Überweisung VL	− 26,59 €	
Auszahlung	**1.021,77 €**	

1. Erkläre brutto und netto.

2. Vom Bruttolohn wird noch Geld abgezogen. In der Lohnabrechnung oben kannst du die einzelnen Abzüge ablesen. Schreibe sie heraus.

3. Die Abgaben für die vier Versicherungen heißen auch **Sozialversicherungsbeiträge**. Wie viel Prozent werden jedem Arbeitnehmer im Monat dafür vom Bruttolohn abgezogen? Benutze für die Berechnung die Lohnabrechnung von oben.

Ist der Lohn gerecht?

Die Löhne und Gehälter der Berufstätigen liegen oft weit auseinander. Es werden viele Gründe dafür genannt. Stimmen sie?

Monatsverdienst (ungefähr) 1997	
Verkäuferin	920 €
Reinigungsfrau	972 €
Arzthelferin	920 €
Fliesenleger	1 790 €
Masseur	1 739 €
Bürokaufmann	1 279 €
Abteilungsleiter	6 138 €
Chefarzt	10 230 €
Zahnärztin	12 878 €

101.1

Schulabschluss · Hautfarbe · Körpergewicht · Leistung · Fleiß · Kinderzahl · Verantwortung · Herkunftsland · Kleidung · Geschlecht · Automarke · Art der Ausbildung · Gesellschaftliches Ansehen des Berufes

101.2

1. Welches sind für dich die fünf wichtigsten Gründe für einen angemessenen Verdienst? Hältst du diese Unterscheidungen für richtig? Diskutiert in Kleingruppen. Vergleicht eure Ergebnisse.

2. Gleicher Lohn für alle? Was meinst du dazu?

Frauenberufe – Männerberufe?

> Was machst du eigentlich nach der Schule?

> Ich habe mich bei einem Fliesenleger beworben. Mein Vater ist auch da!

> Du spinnst! Das ist doch ein Männerberuf. Da kriegst du nie eine Stelle.

> Das Gerede von den typischen Männer- oder Frauenberufen ist doch wohl total von gestern! Immer dieses blöde Gerede vom schwachen Geschlecht!

> Unsinn! Natürlich gibt es das immer noch! Oder hast du schon einmal einen Kindergärtner, Arzthelfer oder eine männliche Hebamme gesehen?

> Aber Frauen und Männer sind doch gleichberechtigt. Auch bei der Berufswahl!

> Ja natürlich! Das hört spätestens auf, wenn Kinder kommen. Die kriegen bei aller Gleichberechtigung immer noch die Frauen!

> O.K! Aber auch Männer können sich eine Zeit lang um die Kinder und den Haushalt kümmern! Erziehungsurlaub gilt auch für Väter.

> Den Mann findest du nie! Außerdem gibt es noch ein wichtiges Argument: Der Lohn! Wusstest du, dass heute noch die Frauen in einigen Berufen weniger bekommen als die Männer?

> Das mag ja sein. Trotzdem, ich traue mir zu, Fliesenleger zu werden. Außerdem verdiene ich als Fliesenleger mehr als in manchem Frauenberuf wie z. B. als Friseurin.

1. Sollte es heute noch typische Frauenberufe oder typische Männerberufe geben? Sprecht darüber.

2. Könnt ihr euch vorstellen als Junge in einem typischen Frauenberuf, als Mädchen in einem typischen Männerberuf zu arbeiten?

3. Bildet in der Klasse Jungengruppen und Mädchengruppen. Die Mädchen schreiben auf: *„So stell ich mir ein Leben vor, wenn ich ein Junge wäre."* Die Jungen schreiben auf: *„So stell ich mir ein Leben vor, wenn ich ein Mädchen wäre."*

Grundgehalt eines Fliesenlegers:
.... €

Grundgehalt eines KFZ-Mechanikers:
.... €

Grundgehalt einer Friseurin:
.... €

Grundgehalt einer Arzthelferin:
.... €

103.1

Obwohl in den letzten Jahren die Erwerbstätigkeit von Frauen stark gestiegen ist, besteht auch heute noch eine große Ungleichheit zwischen der Erwerbstätigkeit von Frauen und Männern.
1999 verdienten Frauen in Deutschland weniger als die Männer. Der Grund dafür ist, dass Frauen viel mehr Arbeitsstellen hatten, die besonders niedrig bezahlt wurden. Auch hatten Frauen viel öfter Teilzeitstellen als Männer.

1999 waren von 100 Männern zwischen 15 und 65 Jahren ca. 80 erwerbstätig. Von 100 Frauen aber nur knapp 64.

 1. Welches Problem sieht der Chef bei der Einstellung der jungen Meisterin (Abb. 103.1)?

 2. Vergleicht die Gehälter in 101.1 miteinander. Was fällt euch auf?

3. Erstellt dann eine Tabelle nach dem Muster auf dieser Seite. Setzt die bekannten Verdienste der Arzthelferin und des Fliesenlegers ein. Versucht anschließend die beiden noch fehlenden Verdienste herauszufinden (Anruf in der Innung, in einem Betrieb usw.).

4. Es sind weniger Frauen als Männer erwerbstätig. Sprecht über die Gründe.

 5. *„Sabrina will Dachdeckerin werden."* Die Eltern sind dagegen. Sabrina aber will den Beruf unbedingt erlernen. Macht dazu ein Rollenspiel.

104 ●●● Dampfmaschinen

Bis vor etwa 250 Jahren war es mühsam, Arbeitsgeräte und Maschinen anzutreiben. Fahrzeuge, Mühlen, Pumpen, Webstühle wurden durch Wasser oder Wind, Tiere oder Menschen angetrieben.

104.1 Handspinnrad und Handwebstuhl.

104.3 Ernte um 1900.

Diese Erfindung hatte weitreichende Folgen: Es konnte viel schneller produziert werden und es entstanden jetzt auch viele Fabriken. Viele Menschen zogen vom Land in die neuen Industrieorte, da hier Arbeiter gebraucht wurden. Aus Dörfern wurden Städte. Am Rande der Städte entstanden große Arbeitersiedlungen, in denen die Arbeiter auf engstem Raum zusammenlebten. Zum Antreiben der Dampfmaschinen wurde Kohle gebraucht. Fabriken entstanden so besonders in den Gebieten mit hohem Kohlevorkommen.
Die Maschinen bestimmten das Arbeitstempo. Wer nicht mitkam, wurde entlassen. Vor der Fabrik warteten viele auf eine Arbeit.

104.2 Arbeitersiedlung.

104.4 Industriegebiet um 1860.

Erst ab 1750 gelang es langsam, mithilfe von Dampf, ganz einfache Maschinen anzutreiben.

Im Jahre 1769 erfand James Watt die Dampfmaschine, mit der man Räder, Pumpen oder Webstühle antreiben konnte. Sie arbeiteten viel, viel schneller, als Menschen es je hätten leisten können.

Auch die Bauern profitierten davon: Die Ernte verlief mit Dampfdreschmaschinen wesentlich schneller.

Bereits um 1835 hatte man eine Dampflokomotive und Dampfschiffe entwickelt.

105.1 Die Dampfmaschine von James Watt.

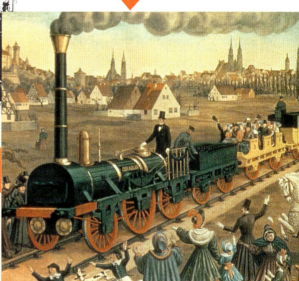

105.2 Die Fahrt der ersten Eisenbahn in Deutschland von Nürnberg nach Fürth, 1835.

1. Geh in eine Bücherei und schau dir Bücher an, in denen Dampfmaschinen abgebildet sind. Welche großen Entwicklungen waren aufgrund der Erfindung der Dampfmaschine möglich?

2. Sammelt Bilder von Dampflokomotiven oder Dampfschiffen.

3. Welche Auswirkungen hatte die Erfindung der Dampfmaschine für das Leben und die Arbeit der Menschen?

Die soziale Frage

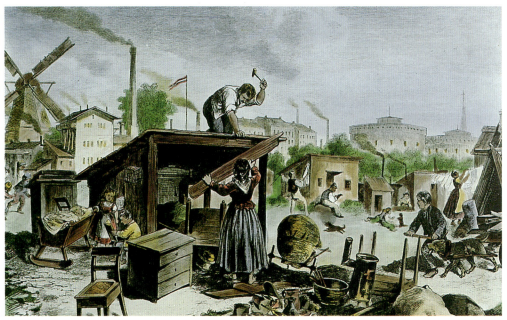

106.1 Elendsquartier in Berlin, Holzstich.

Die Dampfmaschine hat vieles hervorgebracht: große Städte, Fabriken und Fortschritte in der Technik. Doch auf der anderen Seite wuchsen Hunger, Elend und Wohnungsnot. Die soziale Lage verschlechterte sich.

Die Arbeiter wurden bedenkenlos ausgebeutet. Sie mussten 16 bis 17 Stunden ohne Pausen arbeiten. In den Industriegebieten gab es eine unbeschreibliche Wohnungsnot. In ein bis zwei Zimmern hausten oft bis zu zehn Personen. Die hygienischen Verhältnisse waren schlimm. Oft gab es kein frisches Wasser. Immer wieder breiteten sich Seuchen aus. Von dem geringen Lohn konnten sie ihre Familien nicht ernähren. Frauen und Kinder mussten mitarbeiten. Die aber bekamen noch weniger Lohn. Diese Lebensumstände verschlimmerten sich durch Krankheit, Unfall und Altersschwäche.
Es gab keine Versicherungen. Wer krank war, wurde nicht mehr weiterbeschäftigt und bekam kein Geld.

 1. Beschreibe, wie sich das Leben und die Arbeitsbedingungen durch die Industrialisierung veränderten.

 2. Das Bild zeigt die Wohnverhältnisse in Berlin. Wo gibt es heute ähnliche Elendsviertel?

Lösungsversuche

Die sozialen Probleme waren so groß, dass einige Menschen in dieser Zeit nach Lösungen suchten.

1. Von den Fabrikbesitzern waren nur wenige bereit, den Arbeitern zu helfen, z. B. Krupp in Essen, Borsig in Berlin bauten für ihre Arbeiter Wohnungen, Schulen. Sie richteten Kaufläden und Hilfskrankenkassen ein. Abbe, der Leiter der Zeiss-Werke in Jena gründete eine Stiftung. Mit dieser Stiftung wurden die Arbeiter an den Gewinnen des Unternehmens beteiligt.

107.2 Die Krupp'sche Arbeiterwohnsiedlung.

2. Einzelne Vertreter der katholischen und evangelischen Kirche setzten sich persönlich für die Arbeiter ein. Der Priester Adolph Kolping schuf für heimatlose Arbeiter und wandernde Handwerker Unterkünfte. Noch heute gibt es das Kolpingwerk.

107.1 Adolph Kolping (1813 – 1865).

Friedrich von Bodelschwingh (1831 – 1910) kümmerte sich um Menschen in Not. Er half Kranken, Entwurzelten und Landstreichern. Sie wohnten in „Arbeiterkolonien" und verdienten sich dort ihren Lebensunterhalt.

3. Vor allem aber halfen die Arbeiter sich auch selbst: zuerst protestierten sie, aber ohne Erfolg. Dann schlossen sie sich zusammen: sie bildeten Gewerkschaften. Einen Arbeiter hätte man entlassen können. Eine ganze Fabrikbelegschaft, die gemeinsam die Arbeit niederlegte, konnte man nicht entlassen. Um die gemeinsamen Ziele zu erreichen, legten sie die Arbeit nieder, sie streikten. Viele Streiks waren notwendig, um Verbesserungen zu erreichen.

4. Die Regierung merkte, dass sie etwas tun musste. Im Jahre 1883 gab es in Deutschland die ersten „Sozialgesetze". Danach gab es für alle Arbeiter eine Krankenversicherung.

> **Streik:**
> Arbeitsniederlegung, um ein bestimmtes Ziel zu erreichen, z. B. höheren Lohn

1. Einige Änderungen von damals haben heute noch Bedeutung. Welche?

2. Auch heute gibt es Sozialgesetze. Warum sind sie so wichtig? (siehe auch Seite 26f.)

Arbeitslosigkeit

Karin und Frank Groß haben zwei Kinder, Ella und Jörg. Frank Groß hatte einen Job als Maschinenführer und verdiente inklusive Kindergeld knapp 1500 €. Frau Groß hat eine Aushilfsstelle im Lebensmittelgeschäft und verdient monatlich ca. 320 €.

Nachdem Herr Groß mehrere Jobs hatte, konnte er vor fünf Jahren in der Fabrik beginnen. Weil er sehr zuverlässig war, wurde er nach einem Jahr Maschinenführer. Doch vor zwei Jahren hat die Firma von Frank Groß Konkurs angemeldet und alle Mitarbeiter wurden entlassen.
Erst bekam Frank Groß noch Arbeitslosengeld, sodass sie einigermaßen über die Runden kamen. Seit einem Jahr bekommen sie nur noch Arbeitslosenhilfe. Karin Groß bemüht sich deshalb um einen Ganztagsjob.
Sie hat sich schon einige Male beim Arbeitsamt erkundigt.

Die Stimmung ist zu Hause oft gereizt. Frank Groß weiß nicht, was er mit der freien Zeit anfangen soll. Er hat fast alle Kontakte zu seinen Freunden abgebrochen: er schämt sich. Das Geld reicht vorne und hinten nicht. Die Eltern überlegen, ob sie die Wohnung aufgeben müssen.
Das Auto haben sie schon verkauft. Sie waren zweimal bei der Bank, weil sie die Raten des Kredits nicht bezahlen konnten. Die Kinder müssen auf vieles verzichten: z. B. modische Kleidung und Computerspiele.

Doch seit einigen Wochen haben alle wieder ein bisschen Hoffnung. Frank Groß macht eine Umschulung beim Arbeitsamt. Er hofft danach eine neue Stelle zu bekommen. Auch Karin hat mit ihren Bemühungen Erfolg gehabt: Sie kann auch bald als Verkäuferin anfangen.

1. Versetzt euch in die Situation der einzelnen Familienmitglieder und sprecht über ihre Lage. Wie verändert die Arbeitslosigkeit die einzelnen Familienmitglieder?

2. Macht ein Rollenspiel: Jörg kommt nach Hause mit dem schlechten Ergebnis einer Klassenarbeit, Ella möchte sich eine neue Jacke kaufen.

3. Beschreibt die neuen Möglichkeiten, die sich auf Grund der Umschulung beim Arbeitsamt ergeben.

Wer seine Arbeit verliert und arbeitslos wird, steht nicht von heute auf morgen ganz ohne Geld da. Es gibt eine Reihe von Hilfen, auf die jeder ein Anrecht hat. Es ist aber notwendig, dass man sofort die richtigen Schritte unternimmt.

Wer seine Arbeit verliert, sollte sich schnell beim Arbeitsamt arbeitslos melden. Hier stellt man einen Antrag auf **Arbeitslosengeld.** Ab dem Tag der Meldung ist man kranken- und rentenversichert. Ab diesem Tag bekommt man Arbeitslosengeld.

Arbeitslosengeld erhält man durch das Arbeitsamt höchstens zwölf Monate lang. Es beträgt 60% des früheren Arbeitsgeldes. Man bekommt mehr, wenn man Kinder zu versorgen hat. Außerdem muss man vorher drei Jahre lang ununterbrochen beschäftigt sein.

Spätestens nach einem Jahr erhält man kein Arbeitslosengeld mehr sondern nur noch **Arbeitslosenhilfe.**

Es ist deutlich weniger als das Arbeitslosengeld und beträgt nur noch 53% des früheren Lohnes. Es kann auch sein, dass dieses Arbeitslosengeld im Laufe von einigen Jahren weiter gekürzt wird.

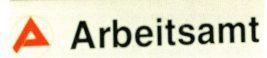

Reicht dann die Arbeitslosenhilfe nicht aus, gibt es noch die **Sozialhilfe.** Sie ist für die Menschen gedacht, die nicht aus eigenen Kräften ihren Lebensunterhalt bestreiten können. Wer Sozialhilfe bezieht, muss genaue Angaben über seine persönlichen und wirtschaftlichen Verhältnisse machen.

1. Im Internet findest du unter dem Suchbegriff „www.Arbeitsamt.de" Informationen zu Arbeitslosengeld, Arbeitslosenhilfe u. a.. Lade dir diese Dateien runter und drucke dir die wichtigsten Informationen aus.

2. Erkundigt euch beim Sozialamt nach den Leistungen der Sozialhilfe.

3. Erkundigt euch bei einem Mitarbeiter des Arbeitsamtes nach den Leistungen und Hilfen des Arbeitsamtes.

4. Welche Hilfen für die Finanzierung der Wohnung gibt es (siehe Seite 14)?

5. Wie entwickelt sich die finanzielle Situation der Familie Groß?

Kinderarbeit

Der 14-jährige Pedro aus Kolumbien erzählt:

Ich habe drei Jahre unten an der Kohle gearbeitet. Mit 11 Jahren habe ich angefangen. Mit meinem Vater und zwei meiner Brüder. Mein Vater hat uns mitgenommen, weil das Geld nicht reichte. Dafür haben sie uns pro Sack, den wir herausgeschafft haben, 15 Pesos (500 Pesos sind 1 €) bezahlt. Uns Kindern gaben sie einen Anteil von 3 $\frac{1}{2}$ Pesos von jedem Sack. In Kolumbien gibt es auch ein Arbeitsschutzgesetz, das Kinderarbeit verbietet und Mindestlöhne festlegt. Aber viele Fabrikbesitzer halten sich nicht daran. Sie bezahlen den Kindern oft nur einen geringen Anteil.
Immer wieder holen sie verletzte oder tote Kinder aus den Gruben. Vor acht Monaten haben sie einen aus der Mine geholt. Die Minenbesitzerin hat gesagt: „Gott hat es so gewollt!" und hat nichts gezahlt, keine Unterstützung, keine Hilfe für die Familie, gar nichts!

Der 14-jährige Daniel aus Deutschland erzählt:

Ich besuche zur Zeit die 8. Klasse der Förderschule. Zur Zeit mache ich ein Praktikum in der Keksfabrik. Hier darf ich nicht mehr als 8 Stunden am Tag arbeiten. Sonntagsarbeit und Arbeit nach 20 Uhr ist verboten. Das schreibt das Jugendarbeitsschutzgesetz vor. In diesem Gesetz sind auch die Pausen und Arbeitszeiten genau geregelt. In meiner Freizeit trage ich Zeitungen aus. Mit diesem verdienten Geld (ca. 80,– €) im Monat kann ich mir eine Reihe von Wünschen erfüllen, die ich mir mit meinem Taschengeld nicht leisten kann.

1. Versuche mehr über Kinderarbeit in Südamerika, Afrika und Asien zu erfahren. Sammle Artikel aus Zeitungen. Weitere Informationen erhältst du bei:
   a) Misereor, Mozartstraße 9, 52064 Aachen
   b) Brot für die Welt, Stafflenbergerstr. 76, 70184 Stuttgart
   c) Terre de hommes, Postfach 4126, 49031 Osnabrück
   d) Unicef, Höninger Weg 104, 50969 Köln

2. Schreibe die Rechte und Möglichkeiten von Pedro und Daniel auf.

3. Warum verdient Daniel Geld? Warum muss Pedro arbeiten?

Kompakt

Ermittle die fünf wichtigsten Ziele für dein späteres Berufsleben.
Stell dafür deine persönliche Wunschliste zusammen.

In meiner beruflichen Zukunft möchte ich ...

1. mit netten Kollegen zusammenarbeiten
2. nicht zu viel arbeiten und viel Freizeit haben
3. viel Spaß und Freude an der Arbeit finden
4. möglichst viel Geld verdienen
5. in verschiedenen Ländern arbeiten
6. mitbestimmen, was im Betrieb geschieht
7. etwas Nützliches für die Gesellschaft tun
8. nicht zu viel Stress ausgesetzt sein
9. einen Arbeitsplatz haben, der sicher ist
10. nicht immer das Gleiche tun.

Keine Ausbildungsstelle gefunden?

Viele Jugendliche besuchen dann ein Berufsvorbereitungsjahr (BVJ). Was kann man im **Berufsvorbereitungsjahr** (BVJ) lernen? Welche Fächer werden unterrichtet?

Wie soll es jetzt weitergehen?

An diesem Stundenplan kannst du sehen, wie ein BVJ mit Schwerpunkt Metalltechnik/Kraftfahrzeuge verläuft. 20 von 33 Unterrichtsstunden entfallen auf berufsbezogene Fächer.

① Hier geht es um Bohren, Sägen und Löten.

② Hier erfährst du, welche Metalle es gibt.

③ Hier lernst du einen Verbrennungsmotor auseinander zu nehmen und wieder zusammen zu setzen.

④ Hier lernst du alles über den Verbrennungsmotor.

	Montag	Dienstag	Mittwoch	Donnerstag	Freitag
1	Deutsch	Fachpraxis Kfz-Mechanik	Sport	Deutsch	Religion
2	Deutsch	Fachpraxis Kfz-Mechanik	Sport	Wirtschaftslehre	Religion
3	③ Fachpraxis Kfz-Mechanik	Fachpraxis Kfz-Mechanik	④ Fachtheorie Kfz-Mechanik	② Fachtheorie Metall	Sozialkunde
4	Fachpraxis Kfz-Mechanik	Fachpraxis Kfz-Mechanik	Fachtheorie Kfz-Mechanik	Fachtheorie Metall	Sozialkunde
5	Fachpraxis Kfz-Mechanik	Fachpraxis Kfz-Mechanik	Fachpraxis Kfz-Mechanik	① Fachpraxis Metall	Deutsch für Ausländer
6	Fachpraxis Kfz-Mechanik	Fachpraxis Kfz-Mechanik	Fachpraxis Kfz-Mechanik	Fachpraxis Metall	Deutsch für Ausländer
7				Fachpraxis Metall	Deutsch für Ausländer
8				Fachpraxis Metall	
9					

Dieses Gemälde von 1722 zeigt das größte Schloss in Europa: Versailles. Dort lebte der französische König mit seinem Hofstaat. Es hat 2000 Zimmer. Der schönste Raum ist der Spiegelsaal. Er ist fast 75 Meter lang. – Die Wände sind mit Spiegeln verziert und von der Decke hängen 42 Kronleuchter. Hier gab der König rauschende Feste nur für Adlige.
Die Zeiten änderten sich. Aber der Spiegelsaal von Versailles spielte in der Geschichte immer wieder eine wichtige Rolle.

Auf den nächsten Seiten wirst du etwas darüber erfahren.

Die drei Personen haben sicher ganz unterschiedliche Gedanken, wenn sie dieses Schloss sehen.

Formuliert einige Fragen an sie. Schreibt auf, was das Mädchen aus unserer Zeit sagen könnte, wenn sie vor dem Schloss steht.

Der König regiert allein

114.1 Ein Markt in Paris. Gemälde um 1670. – Was wird dort verkauft?

Der Mittelpunkt des Schlosses war das Schlafzimmer des Königs. Jeden Morgen mussten einige Adlige dort erscheinen, wenn der König aufstand. Zunächst kamen die königlichen Kinder, dann Prinzen und Prinzessinnen. Es folgten die Minister, Beamte und Diener. Pantoffeln anziehen und das Hemd reichen durften nur die höchsten Adligen. Damit machte der König allen deutlich, dass er der mächtigste Mann im Staat war. Nur er allein wollte regieren.

Die Adligen hatten dagegen unwichtige Ämter. Aber zu den angesehensten Leuten des Landes zählte nur, wer in der Nähe des Königs sein durfte. Aber das war nicht nur am Hof so. Jeder Mensch hatte seinen Platz in der Gesellschaft. Jeder gehörte einem Stand an. In ihn wurde er hineingeboren. Die Tochter eines Adligen musste auch einen Adligen heiraten. Die Kinder der Dienstboten wurden ebenfalls Dienstboten. Damals glaubten die Menschen, dass die Unterschiede von Gott so gewollt waren.

114.2 Der König (in der Mitte) hat seine adligen Gäste zum Essen eingeladen, 1688.

Das Leben für die Menschen des Dritten Standes war sehr hart. Die Masse der Menschen lebte auf dem Lande, in den Städten lebten

115.1 Ein Bauer zahlt seinem Grundherrn Abgaben.

115.2 Diese Zeichnung zeigt, wie die Gesellschaft aufgebaut war.

Bürger, einige waren reich. Die Bauern hatten das Land von einem adligen Grundherrn gepachtet. Dafür mussten sie ihm Abgaben zahlen und für ihn arbeiten.
Es gab häufig Missernten, die zu Hungersnöten führten. Trotzdem verlangte der Grundherr weiter die Abgaben.

Wenn die Bauern sich wehrten und protestierten, schickte der König seine Soldaten.

Die Häuser der Bauern waren sehr klein. Menschen und Tiere lebten unter einem Dach. Oft gab es keine Schornsteine. Deshalb war immer Rauch in der Luft.

Der König brauchte ständig Geld: für seine Kriege, sein luxuriöses Leben oder um neue Schlösser zu bauen. Er befahl dann, neue Steuern von den Menschen des Dritten Standes einzutreiben. Die Angehörigen der ersten beiden Stände zahlten keine Steuern.

1. Schreibe in Partnerarbeit ein Gespräch zwischen dem Grundherrn und dem Bauern in Stichworten oder kurzen Sätzen.

Der Grundherr erklärt seinem Bauern:	Der Bauer erklärt dem Grundherrn:
Ich brauche mehr Abgaben von dir. Mein Leben am Hof ist teuer. Außerdem ...	Mein Herr, mehr kann ich nicht zahlen. Die Ernte war schlecht. Außerdem ...

116 ••• Der Dritte Stand schafft eine neue Ordnung

116.1 Bauern im Hungerwinter 1789.

Im Jahr 1789 gab es in Frankreich wieder einmal eine große Hungersnot. Viele Bauern und arme Menschen in den Städten hatten kaum noch etwas zu essen. Trotzdem verlangten der König, die adligen Herren und die Kirche weiter hohe Steuern von ihnen. Darüber waren sie verzweifelt und wütend. Unzufrieden waren auch die reichen Bürger. Sie mussten zwar nicht hungern, aber viele Steuern zahlen. Sie durften aber nicht mitentscheiden, wofür der König die Steuergelder ausgab. Der König gab jedes Jahr mehr aus als er einnahm. Deshalb war die Staatskasse leer.

Um dieses Problem zu lösen, lud der König die Vertreter der drei Stände: des Adels, der Kirche sowie der reichen Bürger ein. Der Dritte Stand forderte außerdem gleich viele Stimmen zu erhalten, wie die übrigen beiden Stände. Die Verhandlungen verliefen erfolglos.

Die Bürger und andere Vertreter des Dritten Standes trafen sich allein und beschlossen eine neue Ordnung: Der König sollte nicht mehr allein herrschen. Die Regierung sollte künftig vom Volk gewählt werden. Der König stimmte zwar erst zu, doch dann ließ er seine Soldaten aufmarschieren. Die Bürger fühlten sich verraten.

1. Schreibe die folgenden Sätze als Sprechblasen auf. Schneide sie aus. Blättere dein Buch nun eine Seite zurück. Ordne die Sprechblasen den Personen in der Gesellschaftspyramide auf S. 115 zu.

1. Ich bin ein armer Bauer. Ich möchte gern ein Stück Land.

2. Ich bin ein reicher Bürger. Ich zahle viele Steuern. Deshalb will ich im Staat mitbestimmen.

3. Ich bin ein Pfarrer. Die Bauern zahlen mir Abgaben. So soll es bleiben.

4. Ich bin ein Adliger. Steuern hat mein Stand noch nie bezahlt. Das soll so bleiben.

5. Ich bin König Ludwig XVI. Ich brauche mehr Geld.

6. Ich bin eine Bürgerin. Ich will die gleichen Rechte wie die Männer.

Der Sturm auf die Bastille

Am 14. Juli 1789 war Paris in Aufruhr. Tausende von Männern und Frauen bewaffneten sich. Sie zogen zum Stadtgefängnis, der Bastille.
Sie vermuteten dort viele Waffen und Gefangene. Sie riefen Freiheit, Gleichheit, Brüderlichkeit. Es kam zu einer Schießerei.

Der Kommandant wollte sich ergeben und ließ das Haupttor öffnen. Nun stürmten die Angreifer das Gefängnis. Sie schlugen dem Kommandanten den Kopf ab.

Am Abend feierte ganz Paris. Dieses Ereignis war der Beginn der Französischen Revolution.

Das bedeutet, die Menschen beendeten mit Gewalt die bestehende Ordnung im Staat. Sie ahnten sicher nicht, dass mit diesem Tag eine tausendjährige Königsherrschaft zu Ende ging.

Auch heute feiert man in Frankreich den 14. Juli.

117.1 Die Erstürmung der Bastille am 14. Juli 1789. Gemälde eines unbekannten Künstlers.

1. Überlege dir in Partnerarbeit eine Schlagzeile für das Bild.

2. Erkundige dich, was französische Schülerinnen und Schüler heute am 14. Juli machen.

Die Bürger erklären die Menschenrechte

Für dich ist es selbstverständlich, dass du deine Meinung frei sagen darfst und dass für dich die gleichen Rechte und Gesetze gelten wie für alle anderen. Doch das war nicht immer so.

Vor der Französischen Revolution hatten die Menschen des Dritten Standes kaum Rechte. Der Grundherr war ihr Richter und konnte somit über sie bestimmen. Doch in der Französischen Revolution kämpften die Bürger und Bürgerinnen für Freiheit und Gleichheit aller Menschen. Sie hatten auch Erfolg. Einen Monat, nachdem sie die Bastille gestürmt hatten, erklärten sie die Menschenrechte. Sie sollten für alle Menschen gelten.

Die Menschenrechte wurden aber immer wieder verletzt. Es gibt grausame Kriege und viel Unrecht in vielen Ländern bis heute. Doch die Sehnsucht nach Freiheit und Gerechtigkeit ist geblieben.

Nach dem furchtbaren Zweiten Weltkrieg gründeten viele Länder die „Vereinten Nationen". Die englische Abkürzung ist UNO. Diese Organisation soll vermitteln, wenn Länder Krieg gegeneinander führen. Um den Frieden zu sichern, schickt die UNO auch manchmal Soldaten, die blaue Helme tragen. Im Jahr 1948 wurden die Menschenrechte von 1789 noch einmal neu aufgeschrieben.

> **Aus der Allgemeinen Erklärung der Menschenrechte**
>
> *Artikel 1:* Alle Menschen sind frei und gleich an Würde und Rechten geboren (...)
>
> *Artikel 3:* Jeder hat das Recht auf Leben und Freiheit ... der Person.
>
> *Artikel 5:* Niemand darf der Folter oder grausamer Behandlung oder Strafe unterworfen werden.
>
> *Artikel 7:* Alle Menschen sind vor dem Gesetz gleich.
>
> *Artikel 25:* Jeder hat das Recht auf Ernährung, Bekleidung, ärztliche Versorgung.

Nicht nur die UNO kümmert sich um die Menschenrechte. Es gibt auch andere Organisationen wie zum Beispiel „amnesty international". Sie setzt sich besonders dafür ein, dass die Folter und die Todesstrafe abgeschafft werden.
Amnesty international ist eine private Organisation. Die Menschen, die dort arbeiten, machen das freiwillig und bekommen meist kein Geld dafür.

Der spanische Maler Pablo Picasso (1881 – 1973) hat seine Zeichnung von 1959 „amnesty international" zur Verfügung gestellt. Die Taube auf dem Plakat ist ein Zeichen für Frieden.

119.1 Plakat amnesty international (ai) von Pablo Picasso.

amnesty international
Sektion der
Bundesrepublik Deutschland
53108 Bonn
Tel. 0228/983730
www.amnesty.de
ai-de@amnesty.de

 1. Schau dir in diesem Buch noch einmal die Seiten zur Geschichte an. Wo und wann wurden die Menschenrechte verletzt?

 2. Lies die Erklärung der Menschenrechte. Gib ihnen selber eine Reihenfolge. Das Recht, das du am wichtigsten findest, setzt du an die erste Stelle usw. Vergleicht sie dann miteinander und diskutiert darüber.

 3. Ordne den Piktogrammen die passenden Menschenrechte zu. Überlegt, ob man auf einzelne Rechte verzichten kann.
Zu Bild 5 musst du das Recht selbst formulieren.

 4. Entwirf ein Plakat. Es soll auf Menschenrechtsverletzungen aufmerksam machen. Vielleicht findest du in der Zeitung etwas darüber. Überlege dann, wie du die Aufmerksamkeit auf dein Plakat lenken kannst. Wichtig ist eine gute Überschrift.

120 ••• Der Terror regiert in Frankreich

Nie wieder Untertan sein! Freiheit und Gleichheit für alle! Dafür hatten die Menschen gekämpft. Sie erwarteten nun vom König, dass er die neuen Rechte anerkenne. Doch der wollte, dass alles wieder so war wie vor der Revolution. Heimlich bat er den deutschen Kaiser in einem Brief um Hilfe. Deutsche Soldaten sollten ihm gegen die französische Armee helfen. Doch dieser Landesverrat wurde entdeckt.

Die neue Regierung führte nun einen Prozess gegen den König. Sie verurteilte den König zum Tode wegen Landesverrats. Er und später auch seine Frau wurden durch das Fallbeil hingerichtet. Das ist ein Gerät, durch das der Kopf vom Körper getrennt wird.

Jetzt war Frankreich keine Monarchie mehr, sondern eine Republik. Das bedeutet, dass von nun an das Volk herrschte und es keinen König mehr gab. Es bildeten sich Parteien, die sich heftig bekämpften.

Es gewann die Partei der Jakobiner. Sie wollten alle Feinde der Republik zum Tode verurteilen lassen. Öffentlich aufgestellte Fallbeile sollten eine Warnung sein. Besonders die Adligen wurden verdächtigt und bespitzelt. Aber auch frühere Mitkämpfer, die gegen den Terror waren, kamen vor Gericht. Dort gab es nur Freispruch oder Tod. Täglich rollten die Todeskarren mit den Verurteilten durch die Straßen von Paris.

Der Sohn des Adlers

B 1 *(d. h. wir kennen keine Gnade mehr)

„Dansons la Carmagnole ...": Revolutionäres Tanzlied – zwei Zeilen etwa: „Der König hat uns verraten, wir geben nicht mehr Pardon!"*

Im September 1793 herrscht Hungersnot in Paris. Dafür machen viele Menschen die Adligen und Reichen verantwortlich (B 1).
Zu dieser Zeit hält sich der junge Adlige Morvan D'Andigny in Paris auf. Sein Vater gilt als Feind der Republik und wird von der Geheimpolizei gesucht. Morvan wird beschattet. Ein Polizeispitzel verfolgt ihn heimlich bis zum Versteck seines Vaters (B 2).
Hilflos muss er mitansehen, wie sein Vater von einem Gericht zum Tode verurteilt wird, obwohl keine Beweise vorliegen (B 3, 4).
Er wird noch am gleichen Tag hingerichtet (B 5, 6). Ein Junge aus dem Volk steht dem verzweifelten Morvan bei (B 7).

 1. Erkläre den Unterschied zwischen Monarchie und Republik.

2. Welche Menschen mussten fürchten, vor ein Gericht zu kommen?

3. Für die Gerichtsszene B 3 fehlt ein Text. Überlege, was der Glatzköpfige dem Staatsanwalt zuflüstern könnte. Eine Information: Der Richter hat keine Beweise gegen den Vater, er will ihn aber verurteilen.

Napoleon herrscht in Europa

Wenn es in einem Land Probleme wie Arbeitslosigkeit, Kriminalität oder Hunger gibt, werden Rufe nach einem „starken Mann" laut. Der soll dann für Ordnung sorgen. So war das auch 1799 in Frankreich. Die Revolution war immer noch nicht zu Ende.
Die Brotpreise stiegen, die armen Leute hungerten.

Die Regierung, die aus fünf Männern bestand, konnte sich nicht durchsetzen. Der erfolgreiche General Napoleon Bonaparte sollte nun die Ordnung wiederherstellen. Das gelang ihm auch. Er erließ Gesetze und strich einfach die Schulden des Staates. Vielen Menschen ging es allmählich wieder besser. So war Napoleon bald sehr beliebt beim Volk. Doch er wollte mehr. Mithilfe seiner Soldaten machte er sich zum Alleinherrscher. Im Jahr 1804 krönte er sich sogar selbst zum Kaiser. Sein Ziel war es nun, die Herrschaft in ganz Europa zu übernehmen. Seine Armee eroberte Spanien, Italien und auch das Deutsche Reich. Nur Großbritannien konnte Napoleon nicht unterwerfen. Er ließ nun alle Häfen auf dem europäischen Festland sperren. Alle Waren, die von Großbritannien kamen, wurden beschlagnahmt und verbrannt.

Bald schon fehlte es in den Läden z. B. an Tee, Kaffee, Zucker und Gewürzen. Andererseits durften auch keine Waren nach Großbritannien mehr verkauft werden. Obwohl der Handel streng überwacht wurde, blühte bald der Schmuggel.

122.1 Napoleon als Eroberer.

122.2 Napoleon hat sich selbst gekrönt, dann setzt er seiner Frau die Krone auf.

123.1 Zu dieser Zeit fanden die Kriege noch auf Schlachtfeldern statt. Die geplanten Angriffe endeten meist in grausamen Nahkämpfen, bei denen die Soldaten oft Freund und Feind nicht mehr voneinander unterscheiden konnten.
Dieses Bild zeigt die Schlacht von Borodino. Das ist ein kleines Dorf in der Nähe der russischen Hauptstadt Moskau. Am Ende des Tages hatte Napoleon etwa 30 000 Soldaten verloren.

Russland beugte sich nicht dem Willen des Kaisers. Im Juni 1812 begann Napoleon deshalb einen Feldzug gegen das Land. Mit 610 000 Soldaten marschierte er los. Der eiskalte Winter, Hunger und mangelnde Ausrüstung beendeten jedoch den Krieg. Nur 5 000 Soldaten kehrten wieder zurück.

Nach dieser Niederlage erhoben sich auch die anderen Länder, die Napoleon erobert hatte. Seine Armee wurde von britischen und deutschen Truppen 1815 bei Waterloo endgültig geschlagen. So hatte der „starke Mann", nach dem die Menschen gerufen hatten, Krieg und Zerstörung gebracht.

 1. Schreibe einen kurzen Steckbrief zu Napoleon. Wie lange war er an der Macht?

 2. Überlege: Die Franzosen hatten ihren König hingerichtet. Warum leisteten sie keinen Widerstand, als Napoleon Kaiser wurde?

 3. Stell dir vor, du bist als Reporter einer Zeitung in Borodino. Was berichtest du deinen Lesern?

124 ••• Auch die Deutschen machen eine Revolution

124.1 Das ist ein bürgerliches Wohnzimmer um 1850. Die meisten Menschen konnten sich damals eine solche Einrichtung nicht leisten.
Schreibe auf, welche Gegenstände und welche Personen sich in dem Zimmer befinden. Worauf kann man deiner Meinung nach verzichten?
Vergleiche mit einem Wohnzimmer heute.

124.2 Deutschland hieß 1815 „Deutscher Bund" und bestand aus 39 Fürstentümern.

Die Staaten rechneten mit unterschiedlichen Gewichten und Münzen. Wenn man einen Staat verließ, musste man Zoll bezahlen. Dadurch wurden die Waren sehr teuer.

In Deutschland hatten viele Menschen gegen Napoleon gekämpft. Nach ihrem Sieg hofften sie nun darauf, Rechte wie Meinungsfreiheit und Mitbestimmung zu bekommen. Aber die Hoffnungen erfüllten sich nicht.
Die Fürsten regierten wieder wie zuvor. Jeder herrschte in seinem kleinen Staat wie früher der französische König. Die enttäuschten Bürger zogen sich nun in ihr Privatleben zurück. Sie meinten, gegen „die da oben" könne man nichts machen. Dennoch gaben einige nicht auf. Sie gründeten z. B. Vereine und hielten dort politische Reden. Andere druckten Flugblätter. Aber das war gefährlich.
Wer etwas gegen die Fürsten schrieb und dabei erwischt wurde, musste mit einer Anklage wegen Hochverrats rechnen.

 1. Schau dir die Karte an. Wie viele Königreiche gab es in Deutschland? Berechne, wie oft ein Händler mindestens Zoll bezahlen musste, wenn er seine Ware von Hamburg nach München brachte.

„Einigkeit und Recht und Freiheit ..."
So lautet heute unsere Nationalhymne. Als der Dichter August Heinrich Hoffmann den Text 1841 schrieb, wurde er verboten.

Die Fürsten wollten kein einheitliches Deutschland und auch keine Freiheit für ihre Untertanen. Doch immer mehr Menschen protestierten dagegen.
In Berlin und anderen Städten kam es 1848 zu blutigen Straßenschlachten. Nun begann auch in Deutschland eine Revolution. Die Fürsten gaben aus Angst vor weiteren Ausschreitungen nach. Die Menschen durften nun ihre Meinung frei schreiben und sagen. Die Männer durften zum ersten Mal ein Parlament wählen. Begeistert machten sich die gewählten Politiker ans Werk.

Sie verfassten die Grundrechte für alle Deutschen. Aber sie konnten die Rechte nicht durchsetzen, weil das Militär nicht hinter ihnen stand. Schon nach einem Jahr hatten die Fürsten ihre Macht mithilfe der Soldaten zurückgewonnen. Sie lösten das Parlament wieder auf.

125.1 Straßenkampf in Berlin 1848. Die Flagge in Schwarz-Rot-Gold war verboten.

2. Überlege, warum die Menschen „Einigkeit" forderten.

3. Schreibe auf eine Karte, was für dich das Wort „Freiheit" bedeutet. Klebt alle eure Karten an die Tafel. Sucht nun nach einer Beschreibung, mit der alle einverstanden sind.

Durch Krieg zur deutschen Einheit

Die Fürsten hatten die deutsche Einheit verhindert und alles schien wie vorher. Das Leben hatte sich durch die Industrialisierung aber sehr verändert. Die Waren, die in den neuen Fabriken hergestellt wurden, sollten auch verkauft werden. Das war aber wegen der vielen kleinen Staaten sehr umständlich. Deshalb forderten die Bürger immer lauter die deutsche Einheit. Die Bevölkerung in Süddeutschland und die Fürsten hatten jedoch Vorbehalte gegenüber einer besonderen Machtstellung Preußens.

Da kam ein Streit mit dem Nachbarland Frankreich dem preußischen König und seinem Kanzler Otto von Bismarck gerade recht. Er dachte, dass die Fürsten und das Volk ihn gegen den gemeinsamen Feind unterstützen würden. Damit hatte er Erfolg.

Nach mehreren Schlachten besiegten die Soldaten der deutschen Staaten die Franzosen in der Nähe des Ortes Sedan. Die Menschen in Deutschland waren begeistert. Nun stimmten auch die Fürsten einer Einheit zu, nachdem Bismarck ihnen Zugeständnisse gemacht hatte. Der König des größten Staates – Preußen – sollte von den Fürsten als Kaiser bestimmt werden.

126.1 Dieses Bild zeigt, wie im Jahr 1871 der preußische König von den deutschen Fürsten zum Kaiser ausgerufen wurde.
Als Ort hatten sie den Spiegelsaal im Schloss von Versailles gewählt.
Das war für das besiegte Frankreich sehr demütigend.

Der Hauptmann von Köpenick

Die Befehlsgläubigkeit der deutschen Bürger und die Ehrfurcht vor Uniformen ist für uns heute unvorstellbar. 1906 erreichte sie einen lächerlichen Höhepunkt. Der vorbestrafte Schuster Wilhelm Voigt zog in Köpenick, einem Vorort von Berlin, die Uniform eines Hauptmanns an. Dann befahl er einigen Soldaten, die gerade auf der Straße marschierten, das Rathaus zu besetzen. Er verhaftete den Bürgermeister und nahm die Gemeindekasse an sich. Niemand kam auf die Idee, die Befehle des angeblichen Hauptmanns anzuzweifeln.

127.1 Diese Spielfilmszene zeigt den Schauspieler Heinz Rühmann in der Rolle des Hauptmanns von Köpenick.

Der Schriftsteller Carl Zuckmayer schrieb 1931 das Theaterstück. Dieses wurde mehrfach verfilmt, so von Keutner 1956. Ihr könnt den Film als Video ausleihen.

Die Einheit war nun erreicht. Doch der Kaiser wollte die Einheit, ohne dass die Mehrheit im Staat frei mitbestimmen konnte. Die Deutschen sollten nur stolz auf ihre Siege sein und sich als etwas Besonderes fühlen.

Doch nicht alle Deutschen waren damit einverstanden. Widerstand kam besonders vonseiten zweier Parteien: den Sozialdemokraten (SPD) und dem Zentrum.

Die Arbeiterinnen und Arbeiter wählten die SPD zur stärksten Partei, um bessere, gerechtere Löhne zu erreichen. Das Zentrum wählten meist Katholiken, die für Meinungsfreiheit und gegen religiöse Benachteiligung waren.

So einte der militärische Nationalismus die Menschen im Deutschen Reich nicht, sondern er schloss viele Gruppen aus.

1. Erkläre: Wer gründete das Deutsche Reich? Schau dir dazu auch das Bild 126.1 an. Blättere noch einmal zurück: Wer wollte 1848 das Deutsche Reich gründen?

2. Im Kaiserreich feierte man den Sieg über Frankreich. Welches Verhältnis hat Deutschland heute zu Frankreich?

Kinder im Kaiserreich

128.1 Wohnzimmer einer adligen Familie.

128.2 Wohnzimmer einer bürgerlichen Familie.

128.3 Küche/Wohnzimmer einer Arbeiterfamilie.

An der Spitze des Deutschen Reiches standen der Kaiser und der Adel. Auch die Großbürger, z. B. Fabrikanten und Bankiers, gehörten zur Oberschicht. Darunter standen die Beamten, Angestellten und Handwerker.

Die Bürger grenzten sich von den Arbeitern ab. Die Arbeiter und ihre Familien lebten in Armut und hatten wenig Chancen sich zu verbessern. Sie machten ungefähr 80% der Bevölkerung aus.

Die Einteilung der Gesellschaft fand sich auch in der Familie wieder. Der Vater war das Oberhaupt der Familie. Man musste ihm gehorchen, die Mutter sorgte für die Familie. – Diese Unterordnung in der Familie machte die Menschen zu gehorsamen und treuen Untertanen des Kaisers.

Wie die Kinder in unterschiedlichen Familien lebten, kannst du auf den Bildern erkennen. Auf Seite 129 erfährst du noch mehr darüber von Max, Theodor und Elisabeth.

 1. Wie viele Personen sind auf Abb. 128.2 und 128.3 zu erkennen? Welche Kleidung tragen sie?

 2. Welche Unterschiede kannst du zwischen den Kindern erkennen?

Tagelöhnerin:
Eine Frau, die jeweils nur für einen Tag eingestellt wird.

Q1: Max war der Sohn eines Arbeiters und einer Tagelöhnerin. Er erzählt:
„Alles machte die Mutter selbst aus alten Stücken für uns zurecht – aus Röcken vom Vater oder von den Großeltern ... Sonntage, an denen es Fleisch gab, waren selten. Für das geringste Vergehen oder Versehen gab es vom Vater ... empfindliche Strafen: ... wir wurden stundenlang ... an einen Stuhl gefesselt, und zwar so fest, dass ein Loskommen unmöglich war...
Wir Kinder mussten die Schule meistens schwänzen, um durch Arbeit bei den Bauern für unsere Familie verdienen zu helfen."
(W. Emmerich (Hrsg.), Proletarische Lebensläufe, Bd. 1, Reinbek 1974, S. 305 – 309)

Q2: Theodor war Sohn eines Arztes. Er berichtet:
„Man musste ‚artig' sein. Musste ‚Händchen' geben. Musste ‚Diener' machen. Vater und Mutter tadelten, schalten, verboten und gingen wieder ... Wir waren dem Personal anvertraut. An den Abenden kamen Gäste. ... bis Untertertia (9. Klasse) wurde ich gerade eben mitgeschoben ... unser Haus galt als angenehm und für den unbrauchbaren Jungen verwendete sich bald mal Oberbürgermeister Rasch ... schließlich gar der Herr Regierungspräsident."

(J. Hardach-Pinke u. G. Hardach (Hrsg.), Deutsche Kindheiten. Autobiographische Zeugnisse 1700 – 1900, Kronberg/Ts., S. 316f.)

Q3: Elisabeth war die Tochter eines wissenschaftlichen Assistenten. Sie berichtet:
„Das Haus hatte helle, große Räume. Wir Kinder hatten keine Einzelzimmer, sondern schliefen zu zweit oder zu dritt miteinander. Es kam eine Näherin, um die ... Hauswäsche auszubessern, und die Schneiderin ... unsere sämtlichen Kleider und Anzüge wurden im Hause angefertigt. Schwierig aber war es für mich, Abitur machen zu können, da es keine Mädchengymnasien gab. Man musste sich durch Privatstunden vorbereiten und dann an einer unbekannten Schule ... prüfen lassen."

(Ruda Pörtner, Kindheit im Kaiserreich, Düsseldorf 1987, S. 50f.)

1. Überlege, welchem Bild man die Personen zuordnen könnte.
2. Zähle die Unterschiede auf zur Kleidung, Ernährung, Schule usw.
3. Überlege, was wohl aus den Kindern geworden sein könnte.

Die europäischen Großmächte rüsten auf

130.1 Die mechanische Werkstatt der Firma Krupp in Essen, Foto 1906.

Schlachtschiff: Großes gepanzertes Kriegsschiff mit bis zu 800 Mann Besatzung

Seit 1898 ließ der deutsche Kaiser eine Schlachtflotte bauen. Sechsunddreißig Schlachtschiffe waren geplant. Mit der Flotte sollte das deutsche Kaiserreich zu einer Weltmacht werden. Die Regierung machte für diese Politik Werbung. Politiker und Marineoffiziere gründeten einen Flottenverein. Er weckte mit Zeitschriften, Büchern, Plakaten und Vorträgen bei der Bevölkerung Begeisterung für die Marine. In dieser Zeit wurden deshalb Matrosenanzüge für die Jungen sehr modern.

Bisher war England die stärkste Seemacht gewesen. Durch den deutschen Flottenbau fühlte es seine Vormachtstellung bedroht. Auch die anderen europäischen Staaten wurden misstrauisch. Alle Großmächte bereiteten sich auf einen Krieg vor. Sie gaben immer mehr Geld für Waffen aus.

130.2 „Wie sollen wir uns da die Hand geben?" – Karikatur von 1912.

Es kam zu einem Rüstungswettlauf. England, Frankreich und Russland schlossen untereinander Bündnisse. Sie versprachen sich nicht anzugreifen.

Zu Beginn des 20. Jahrhunderts kam es mehrfach beinahe zu einem Krieg:

- In Afrika hatten alle europäischen Großmächte Kolonien gegründet. Immer wieder stritten sie sich um die Aufteilung noch unbesetzter Gebiete.

- Zu ernsteren Spannungen kam es auch im südöstlichen Europa zwischen Russland und Österreich.

Sehr viele Menschen glaubten, dass nur ein Krieg diese Konflikte lösen könne.

131.1 Rüstungsausgaben in Europa.

131.2 Ansichtskarte von 1900.

1. Erkläre, warum es in Europa zu Beginn des 20. Jahrhunderts eine wachsende Kriegsgefahr gab.

2. Diskutiert andere Möglichkeiten der Konfliktlösung. Wie kann man Kriege verhindern?

Ein Mord löst den Weltkrieg aus

132.1 Begeistert ziehen deutsche Soldaten in den Krieg.

Am 28. Juni 1914 erschoss ein serbischer Student den österreichischen Thronfolger und seine Frau.

Die deutsche Regierung versprach Österreich die volle Unterstützung. Daraufhin erklärte Österreich Serbien den Krieg und löste damit die Mobilmachung in Russland, Deutschland, Frankreich und England aus.

Die Führung des deutschen Heeres begann den Krieg nach einem lange vorbereiteten Plan. Die deutschen Soldaten sollten sehr schnell Frankreich erobern. Danach wollte die Heeresleitung sie für einen Sieg gegen Russland einsetzen. Doch nach wenigen Monaten konnten die Deutschen in Frankreich nicht weiter vorrücken. Es entstand eine 700 Kilometer lange Frontlinie von der Nordsee bis zur schweizerischen Grenze.

Dreieinhalb Jahre lang versuchten beide Seiten immer wieder vergeblich, die feindlichen Linien zu durchbrechen. Schwere Geschütze, Maschinengewehre und sogar Giftgas wurden dabei eingesetzt. Auch im Osten kam es lange zu keiner Entscheidung.

1917 handelte Deutschland mit Russland einen Waffenstillstand aus.

Doch zu Beginn des Jahres 1917 versenkten deutsche U-Boote amerikanische Handelsschiffe.

Mobilmachung: Ein Staat versetzt sich in Kriegsbereitschaft

Daraufhin trat Amerika in den Krieg ein. Die Engländer setzten 1917 zum ersten Mal Panzer (Tanks) ein.

Im August 1918 durchbrachen die Amerikaner und die Franzosen mit Panzern die deutschen Stellungen. Damit hatte Deutschland den Krieg verloren.

Am 11. 11. 1918 kam es zum Waffenstillstand.
In vier Kriegsjahren wurden insgesamt etwa 8 Millionen Soldaten getötet. Mindestens 20 Millionen wurden verwundet.

133.1 Die Westfront 1914 – 1918. Karte.

 1. Sieh dir das Bild 132.1 an. Überlege, was die deutschen Soldaten vom Krieg erwarten.

 2. Finde mithilfe der Karte heraus, welche Gebiete im Westen besonders vom Kriegsgeschehen betroffen waren.

 3. Nach dem Krieg wurden überall in Deutschland Denkmäler für die gefallenen Soldaten errichtet. Finde heraus, ob es an deinem Heimatort auch ein Kriegerdenkmal zum Ersten Weltkrieg (1914 – 1918) gibt.

133.2 Die neuen englischen Panzer beschleunigten die deutsche Niederlage.

Männer und Frauen erleben den Kriegsalltag

Trommelfeuer:
Ständiges schnelles Feuern der Geschütze, das oft tagelang anhielt

134.1 Schützengraben an der vordersten Linie der Westfront.

Ein Soldat schrieb in einem Brief von der Front:

Gestern war ein solch wahnsinniges Trommelfeuer, dass die ganze Erde viele Kilometer im Umkreis zitterte und bebte. Ein Dröhnen und Grollen war es, kaum im Kopf auszuhalten. Nun kann ich zum Glück das Schrecklichste gar nicht schildern. Ich will es auch gar nicht andeuten, aber du wirst dir's denken können, nämlich das Gestöhn der Verwundeten.

134.2

Sehr viele Soldaten waren mit großer Begeisterung in den Krieg gezogen. Sie erwarteten ein aufregendes Abenteuer. Für das Vaterland wollten sie ihr Leben einsetzen. Die meisten dachten, dass sie nach wenigen Monaten als Sieger nach Hause zurückkommen würden.

Die Wirklichkeit des Krieges war ein furchtbarer Schock. Es gab keinen schnellen Sieg. Die feindlichen Truppen lagen sich in den Schützengräben gegenüber. Oft wurde tagelang ununterbrochen mit Granaten geschossen. Immer wieder bekamen die Soldaten den Befehl zum Angriff. Sie mussten gegen das feindliche Maschinengewehrfeuer anstürmen. Wenn es ihnen gelang, einige hundert Meter vorwärts zu kommen, gewannen die gegnerischen Soldaten dieses Gebiet meistens in den folgenden Tagen auf die gleiche Weise wieder zurück.
Unzählige Männer verloren dabei ihr Leben oder wurden verstümmelt.

134.3 Leichnam eines Soldaten auf dem Schlachtfeld.

135.1 Frauen füllen Granaten.

Die Frauen mussten während des Krieges viele ungewohnte Aufgaben übernehmen. Sie führten die Geschäfte weiter und arbeiteten in den Fabriken. Besonders viele Arbeiterinnen wurden in den Munitionsfabriken gebraucht. Die Arbeit dort war schwer und gefährlich.

Der Krieg führte sehr bald zu einer schlechten Versorgung der Bevölkerung. Die Frauen mussten stundenlang vor den Geschäften Schlange stehen.
Nur so konnten sie die notwendigen Lebensmittel für ihre Familien bekommen.

Besonders schlimm war der Winter 1916/17. Es gab fast nur noch Kohlrüben zu essen. Man machte daraus Suppe, Marmelade und sogar Kaffee. Die Bäcker mischten den Brotteig mit Sägespänen und Stroh.

Die Menschen waren so unterernährt, dass sie sich leicht mit Krankheiten ansteckten. Typhus und Grippe forderten viele Todesopfer.

135.2 Anstehen nach Kartoffeln.

1. Besorge dir aus der Bibliothek weiteres Material zum Ersten Weltkrieg.

2. Suche dir in Abb. 132.1 einen der Soldaten aus. Was könnte er von der Front an seine Frau geschrieben haben?

3. Stell dir vor, eine der beiden Frauen in Abb. 135.1 hat ihren Mann an der Front. Was schreibt sie ihm?

4. Überlegt, worüber die Frauen in Abb. 135.2 gesprochen haben könnten. Schreibt Dialoge.

136 ••• Die Zeiten ändern sich – die Kleidung auch

Adel – Absolutismus

Empire Stil

Uniformen

Bürgerfamilie

Arbeiterfamilie

Bauern – Absolutismus

 1. Hier ist einiges durcheinandergeraten. Die Männer und Frauen passen nicht zusammen. Ordne jeder Frau den richtigen Mann zu.

 2. In welcher Zeit lebten die abgebildeten Männer und Frauen jeweils? Schau dir dazu noch einmal die Abbildungen dieses Kapitels an. Beschreibe die Veränderungen.

Kompakt

N	A	T	I	O	N	A	L	H	Y	M	N	E	G	Q	N	H	R	S
G	E	J	Z	R	F	U	B	S	E	T	Z	I	Ä	S	A	B	E	T
U	S	S	E	I	E	K	G	T	U	L	G	N	I	A	P	M	P	Ä
P	R	E	I	N	D	V	S	T	E	I	G	H	U	G	O	O	U	N
W	A	U	D	I	S	T	O	N	A	T	N	E	U	L	L	B	B	D
H	U	U	T	A	T	T	S	L	B	Ä	N	I	H	E	E	I	L	E
L	Ä	U	D	E	N	B	L	A	U	R	Z	T	G	I	O	L	I	G
Ä	R	T	U	I	G	F	E	D	D	T	N	I	D	C	N	M	K	E
V	E	R	S	A	I	L	L	E	S	S	I	B	N	H	F	A	F	S
F	F	F	R	E	R	D	K	R	E	I	B	N	F	H	D	C	T	E
Z	R	G	R	U	N	D	H	E	R	R	T	R	E	E	D	H	H	L
E	H	O	D	T	U	K	L	F	D	S	J	T	I	I	T	U	N	L
E	R	T	N	U	D	Z	J	K	Z	K	L	D	S	T	A	N	I	S
S	F	T	J	T	R	I	L	P	R	E	U	ß	E	N	R	G	W	C
B	R	Ü	D	E	R	L	I	C	H	K	E	I	T	S	D	J	R	H
I	W	R	H	Z	U	H	T	F	H	T	T	U	T	F	J	U	V	A
S	O	W	I	V	F	R	E	I	H	E	I	T	R	G	E	T	Z	F
M	W	A	F	F	E	N	S	T	I	L	L	S	T	A	N	D	H	T
A	B	R	Ü	S	T	U	N	G	S	W	E	T	T	L	A	U	F	Ü
R	R	L	W	E	R	T	U	H	K	Z	G	J	G	G	D	E	T	G
C	J	K	O	L	O	N	I	E	W	E	N	H	L	E	Z	U	J	S
K	L	U	B	T	R	O	M	M	E	L	F	E	U	E	R	S	F	H
Q	W	E	Ö	L	T	H	F	D	S	M	V	C	B	S	C	C	L	I
F	D	S	A	K	L	E	W	D	G	Z	U	I	S	N	G	T	Z	U
S	C	H	Ü	T	Z	E	N	G	R	A	B	E	N	W	R	T	H	K
I	O	P	Ö	L	K	J	H	G	G	F	D	S	A	A	G	H	C	V

 1. Hier sind waagerecht, senkrecht und diagonal 21 Begriffe und Namen versteckt, die du in diesem Kapitel kennen gelernt hast. Finde sie und schreibe sie heraus.

 2. Ihr könnt einen Wettbewerb machen. Wer findet zuerst die Seiten, auf denen die Begriffe vorgekommen sind?

Von der Demokratie zur Diktatur

Das Deutsche Reich führte zwei Kriege, aus denen Weltkriege wurden. Bis zum Ersten Weltkrieg (1914 – 1918) regierte der deutsche Kaiser. In den Jahren zwischen den Kriegen lebten die Deutschen nur wenige Jahre in einer freien Demokratie.
Den Zweiten Weltkrieg (1939 – 1945) begannen die Nationalsozialisten, die 1933 eine Diktatur errichtet hatten. Sie begingen ein noch nie da gewesenes Verbrechen, sie versuchten, alle jüdischen Menschen zu töten.

Wie hatte es dazu kommen können? Und die Folgen?

Menschenverluste im Ersten Weltkrieg 1914-18:

Deutsches Reich	1,81 Millionen
Frankreich	1,38 Millionen
Großbritannien	0,95 Millionen
Italien	0,46 Millionen
Österreich-Ungarn	1,20 Millionen
Russland	1,70 Millionen
Türkei	0,33 Millionen
USA	0,12 Millionen
Gesamtzahl der Toten	8 Millionen

139.1 In einem deutschen Konzentrationslager nach der Befreiung, 1945.

139.2 Täter und Opfer.

Menschenverluste im Zweiten Weltkrieg 1939-45:

Deutschland/Österreich	7,23 Millionen, davon 3,2 Mio Zivilisten
Frankreich	0,81 Millionen, davon 470 000 Zivilisten
Großbritannien	0,39 Millionen, davon 62 000 Zivilisten
Italien	0,41 Millionen, davon 80 000 Zivilisten
Sowjetunion	20,6 Millionen, davon 7 Mio Zivilisten
USA	0,26 Millionen
Belgien	0,09 Millionen, davon 12 000 Zivilisten
Niederlande	0,21 Millionen, davon 12 000 Zivilisten
Polen	etwa 6 Millionen (mit Zivilisten)
jüdische Bürger aus verschiedenen Ländern	6 Millionen
Gesamtzahl der Toten etwa	42 Millionen

140 ●●● November 1918: Niederlage und Neuanfang

Im August 1918 durchbrachen Amerikaner, Engländer und Franzosen mit Panzern und frischen Truppen überall die deutsche Front. Die Deutschen hatten weder neue Waffen noch Munition. Die Heeresleitung des Kaisers gestand am 29. September: Deutschland hat den Krieg verloren.

140.1 1918 verstärkten 1,2 Millionen gut ausgerüstete amerikanische Truppen die Westmächte.

Trotzdem wollten hohe Offiziere die Kriegsschiffe im Oktober 1918 zu einer letzten, hoffnungslosen Schlacht auslaufen lassen. Daraufhin meuterten die Matrosen in Wilhelmshaven und am 4. November in Kiel. Sie nahmen Offiziere gefangen. Arbeiter und Soldaten schlossen sich ihnen an. Sie wollten nach der Niederlage eine neue, bessere Regierung. Deshalb wählten sie Arbeiter- und Soldatenräte als ihre Vertreter.

Die Räte forderten mehr Freiheit und am 9. November demonstrierten Hunderttausende. Der Kaiser musste abdanken und wurde nach Holland ins Exil geschickt. Der sozialdemokratische Parteiführer Friedrich Ebert wurde zum Reichskanzler ernannt.
Um 2 Uhr mittags rief Philipp Scheidemann (SPD) vom Reichstagsgebäude die „Deutsche Republik" aus. Dann wurde eine neue Regierung gebildet.

140.2 In den Straßen Berlins am 9. November 1918.

Der Text enthält wichtige Daten des Jahres 1918. Ordnet sie auf einem Zeitstrahl in der richtigen Reihenfolge an. Schreibt das Ereignis dazu. Diskutiert, welches Datum eurer Meinung nach das Wichtigste ist, begründet.

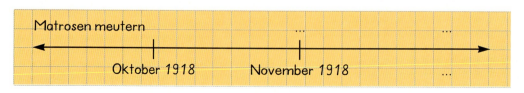

Q1 Am 17. September 1918 schrieb ein Münchner in sein Tagebuch:
„Alles ist seelisch erschüttert. Erschüttert ist 1. der Arbeiter, 2. die Bauern, 3. (eigentlich hätte ich sagen sollen 1.) das Militär, 4. die Frauen, 5. alle Angestellten, 6. alle Beamten, 7. die Presse. Das ist schlimm, sehr schlimm ... Keine Hemmungen, keine Dämme, die Stimmung im Land ist furchtbar. Wer glaubt denn noch an einen guten Ausgang?"

Forderungen des Kieler Soldatenrats vom 4. November 1918 (Auszug)

1. Freilassung sämtlicher inhaftierten politischen Gefangenen.
2. Vollständige Rede- und Pressefreiheit.
3. Aufhebung der Briefzensur.
6. Die Ausfahrt der Flotte hat unter allen Umständen zu unterbleiben.
14. Sämtliche in Zukunft zu treffenden Maßnahmen sind nur mit Zustimmung des Soldatenrates zu treffen.

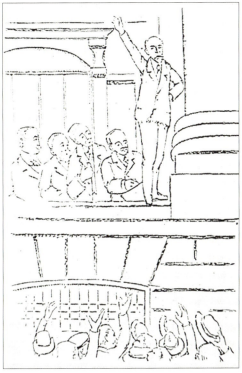

141.1 Scheidemann während seiner Rede. Ein Augenzeuge hat eine Zeichnung angefertigt, ein Foto gibt es nicht.

Q2 Aus Scheidemanns Rede vom 9. November 1918:
„Das deutsche Volk hat auf der ganzen Linie gesiegt. Das alte Morsche ist zusammengebrochen; der Militarismus ist erledigt! Die Hohenzollern haben abgedankt! Es lebe die Deutsche Republik! ... Ruhe, Ordnung und Sicherheit, das ist das, was wir jetzt brauchen!"

 1. Sprecht über den Tagebuch-Eintrag. Warum hat der Schreiber diese Reihenfolge gewählt? Findet eine andere und begründet diese.

 2. Gebt in vollständigen Sätzen die Forderungen des Soldatenrats wieder.

 3. Bild 141.1 zeigt, wie die Zuhörer auf die Rede Scheidemanns reagiert haben. Welchen Satz der Rede haltet Ihr für den wichtigsten?

142 ●●● Die Republik hat einen schweren Start

Die Revolutionsregierung musste mehrere Probleme lösen:
Die sozialdemokratischen Politiker waren zerstritten. In Berlin kam es sogar zu Straßenkämpfen.
Am 19. Januar 1919 konnte die Nationalversammlung endlich gewählt werden.
Bei den Wahlen erhielt die SPD die meisten Stimmen. Sie konnte mit Philipp Scheidemann den Reichskanzler stellen. Aber sie musste mit der liberalen und der christlichen Partei (Deutsche Demokratische Partei und Zentrum) eine Koalitionsregierung bilden. Am 9.11.1918 hatte Scheidemann „Ruhe und Ordnung" versprochen. Viele Arbeiter waren aber unzufrieden. Sie forderten Mitbestimmung in den Betrieben und höhere Löhne. Es gab Massenstreiks.

Die neue Regierung ließ Streiks mit Gewalt niederschlagen.
Die Nationalversammlung tagte nicht in Berlin, sondern in Weimar. Sie wählte Friedrich Ebert zum Reichspräsidenten. Sie beschloss eine Verfassung für den neuen demokratischen Staat.
Am schwierigsten war für die neue Regierung der Abschluss eines Friedensvertrages mit den Siegermächten. An den Beratungen durften deutsche Vertreter nicht teilnehmen. Sie wurden gezwungen, im Schloss von Versailles den Vertragstext zu unterzeichnen. Dies empfanden viele als „Diktat". Die Regierungsparteien wurden von ihren politischen Gegnern als „Vaterlandsverräter" beschimpft, die dem angeblich unbesiegten Heer in den Rücken gefallen seien.

Reichspräsident Friedrich Ebert
1. Der Reichspräsident darf den Reichstag auflösen. Er ernennt und entlässt die Reichsregierung.
2. Der Reichspräsident darf bei Bedrohung der öffentlichen Sicherheit Maßnahmen treffen, um die Ordnung wieder herzustellen. Dazu darf er vorübergehend die Grundrechte außer Kraft setzen. Diese Maßnahmen darf der Reichstag beenden (Artikel 48).
3. Jedes Regierungsmitglied muss zurücktreten, wenn ihm der Reichstag das Vertrauen entzieht.
4. Nur die Abgeordneten des Reichstages dürfen die Reichsgesetze beschließen.

 1. In jedem Textabsatz wird mindestens ein Grund für den schweren Start der Regierung genannt. Findet ihn heraus.

Deutschland nach dem Versailler Friedensvertrag von 1919

Wichtige Bestimmungen des Versailler Friedensvertrages:

1. Deutschland muss ein Siebtel seines Gebietes und ein Zehntel seiner Bevölkerung abtreten. Der Kern des Staatsgebietes bleibt erhalten.
2. Frankreich besetzt Saargebiet und Rheinland für 15 Jahre.
3. Deutschland darf in einem 15 km breiten Streifen rechts des Rheins keine Truppen stationieren (entmilitarisierte Zone).
4. Der Anschluss Österreichs an Deutschland ist verboten.
5. Die allgemeine Wehrpflicht ist abgeschafft. Deutschland darf nur ein Berufsheer von 100.000 Mann aufstellen.
6. Deutschland darf keine Panzer, U-Boote, Schlachtschiffe, Kriegsflugzeuge besitzen.
7. Deutschland liefert seine gesamte Handelsflotte aus.
8. Deutschland verliert alles Vermögen im Ausland.
9. Deutschland zahlt jahrzehntelang sehr hohe Kriegsentschädigungen („Reparationen").
10. Deutschland erkennt an, dass es allein Schuld am Ausbruch des Krieges und an all seinen Folgen trägt (Artikel 231). Es ist deshalb zur Wiedergutmachung verpflichtet.

143.1 Deutschland nach dem Versailler Friedensvertrag von 1919. Vertrag, Karte.

 1. Schreibt auf, was der Reichspräsident nach der Verfassung alles durfte. Diskutiert, ob er viel zu viel – oder nur wenig Macht besaß.

 2. In Versailles fand schon einmal ein wichtiges Ereignis in der deutschen Geschichte statt. Schaut im Register nach und findet es heraus.

 3. Über welche Bestimmung des Versailler Friedensvertrages haben sich eurer Meinung nach die Deutschen am meisten geärgert?

144 ● ● ● Männer und Frauen: grundsätzlich gleichberechtigt?

Artikel 22 und 109 der Weimarer Verfassung
- Die Abgeordneten werden in allgemeiner, gleicher, unmittelbarer und geheimer Wahl von den über 20 Jahre alten Männern und Frauen nach den Grundsätzen der Verhältniswahl gewählt.
- Alle Deutschen sind vor dem Gesetz gleich. Männer und Frauen haben grundsätzlich dieselben staatsbürgerlichen Rechte und Pflichten.

144.1 Das Foto zeigt die ersten Volksvertreterinnen der Nationalversammlung, 41 von 423 Abgeordneten.

Frauen durften in Deutschland erstmals am 19. Januar 1919 wählen. Nach der Verfassung erhielten die Frauen **grundsätzlich** die gleichen Rechte und Pflichten wie die Männer. Das war neu im Vergleich zum Kaiserreich. Und im Alltag?

Schon im Krieg hatten die Frauen „ihren Mann gestanden": in Rüstungsbetrieben, im Krankenhausdienst, in der Landwirtschaft, in der Verwaltung und in anderen Berufen. Nach dem Krieg wollten sie ihren Arbeitsplatz behalten. Sie waren stolz, für sich eigenes Geld zu verdienen oder zum Familienunterhalt etwas beizutragen.

Aber trotz der wachsenden Zahl weiblicher Beschäftigter in der Weimarer Republik hatten sich die Lebensbedingungen für die Frauen **nicht grundlegend** verändert:

- Frauen erhielten für die gleiche Arbeit geringeren Lohn als die Männer.
  Frauen erhielten 10 bis 15% weniger Gehalt als Männer.
- Frauen mussten untergeordnete Tätigkeiten für ihre männlichen Vorgesetzten ausführen.
- Frauen erhielten wenig Ausbildung für ihre Arbeit.
- Frauen mussten häufig „Doppelarbeit" leisten.

1. Begründet in eigenen Sätzen, warum sich für die Frauen nur wenig geändert hat. Z. B.:

Obwohl die Frauen grundsätzlich ...., erhielten sie ....

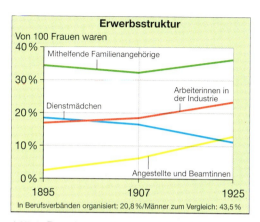

145.1 Berufe von Frauen, Schaubild.

145.2 Eine Büroangestellte, Foto 1925.

Text 1: Acht Stunden lang, von morgens sieben bis abends halb fünf stehe ich immerzu fast auf demselben Fleck, beinahe reglos, nur die Hände machen wie mechanisch immer dieselben Bewegungen, drücken der Ware den Stempel auf und das Hirn zählt von eins bis zwölf, wieder, immer wieder, acht Stunden lang. Acht Stunden lang ausgeschaltet eigenes Denken und Fühlen, eigenes Wünschen und Wollen. Acht Stunden regiert nur der Wille des Meisters, gilt es, sich den Wünschen der Vorgesetzten zu fügen. Acht Stunden lang Strümpfe stempeln, von eins bis zwölf zählen, stempeln, unzählige Male; unterbrochen nur von einer Stunde Mittagspause.

Diese zwei Texte schrieben zwei Textilarbeiterinnen im Alter von 25 und 48 Jahren 1930 für ein Preisausschreiben ihrer Gewerkschaft:

Text 2: Um 18 Uhr bin ich zu Hause. Nun gibt es noch daheim zu schaffen. Das Essen fertig zu kochen, für den nächsten Tag vorzubereiten, bei den Kindern die Sachen nachsehen, ob sie noch ganz und sauber sind. Wenn man den ganzen Tag nicht da ist, wird noch ein bisschen mehr gebraucht, weil die kleinen Schäden nicht so beachtet werden können. Am Abend ist man auch von der langen Zeit müde und abgespannt, und die Sachen, Wäsche und Strümpfe, müssen sonntags ausgebessert werden.

1. Findet die Gruppe der weiblichen Beschäftigten, die bis 1925 am stärksten zunahm. Was mussten diese Frauen alles können?

2. Schreibt auf, was die Stemplerin am meisten bedrückt.

3. Lest den Text Nr. 2 durch und erklärt, was man unter „Doppelarbeit" versteht. Gibt es das heute noch?

Die Weimarer Republik ist am Ende

146.1 Arbeitslose beim Arbeitsamt 1932.

146.2 Einer von vielen, Foto 1929.

Die größte Krise der Weimarer Republik kam im Jahr 1929. Deutsche Unternehmen hatten sich bei Banken in Amerika viel Geld geliehen. Diese Kredite forderten die Banken im Oktober 1929 plötzlich zurück, da viele Amerikaner ihre Bankschulden nicht mehr bezahlen konnten. Eine Weltwirtschaftskrise begann. In Deutschland stieg die Arbeitslosigkeit gewaltig. Von den Folgen in Wirtschaft und Politik erholte die Republik sich nicht. Viele Bürger gaben dem Staat und den Arbeitgebern daran die Schuld. Sie wählten deshalb ab September 1930 bevorzugt solche Parteien, die den Weimarer Staat bekämpften: die KPD und die NSDAP. Ab 1930 fanden die Regierungen der Weimarer Republik keine Mehrheit mehr im Reichstag. Sie konnten nur mit Hilfe des Reichspräsidenten regieren.

Tagebuch eines Arbeitslosen:

„15. Dezember 1929: Nun hat's mich auch gepackt! Und noch 300 andere aus meinem Betrieb. Ausgerechnet eine Woche vor Weihnachten!
Heute Abend haben Tausende von Erwerbslosen, denen man die Arbeit nahm, in den Straßen demonstriert und ‚Hunger' gerufen.
Du darfst nicht mehr arbeiten! Du wirst auf halbe Ration gesetzt wie ein schuldiger Sträfling! Was haben wir denn verbrochen?
Gehen wir halt stempeln. Morgens wird geschlafen bis um zehn oder elf Uhr; den Nachmittag werde ich auch herumbringen.
18. Dezember. Gestern habe ich es meinem Mädel sagen müssen. Sie wäre doch dahinter gekommen.
20. Dezember. Meine Hauswirtin fängt an zu brummen. Ich habe ihr nämlich gesagt, solange ich keine Arbeit habe, könnte ich ihr nicht die volle Miete bezahlen.
22. Dezember. Wenn es nur nicht immer so lange dauerte, bis der Antrag auf Unterstützung durch wäre!..."

1. Beschreibt, wie die Arbeitslosigkeit das Leben von Karl Döhler und seiner Familie verändert hat. Ihr müsst hierzu auch S. 147 ansehen.

Ein Tag im Leben des arbeitslosen Schlossers Karl Döhler

  1. Schreibt zu jedem einzelnen Foto einen Satz auf ein Kärtchen.

  2. Kopiert die Fotos, schneidet sie aus und klebt sie auf eine Tapete.

3. Fertigt aus Karten und Fotos eine Geschichte. Findet eine Überschrift.

Adolf Hitler wird Reichskanzler

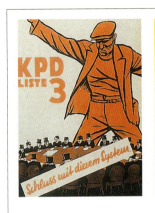

148.1 Drei Wahlplakate aus dem Jahre 1932.

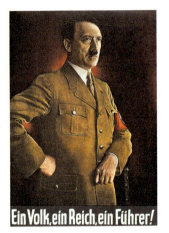

148.2 Hitler an der Macht.

Chronik: Bericht von Ereignissen, nach dem Datum geordnet

links, rechts: Links (sozialdemokratisch) und rechts (konservativ) sind Bezeichnungen für Parteirichtungen

Die Kommunistische Partei (KPD) und die Nationalsozialistische Arbeiterpartei (NSDAP) hatten bei den Reichstagswahlen 1930 bis 1932 die meisten Stimmen hinzugewonnen.

Die linke KPD unter Ernst Thälmann und die rechte NSDAP unter ihrem Führer Adolf Hitler wollten das verhasste „System" von Weimar zerstören. Im Reichstag in Berlin lieferten sie sich erbitterte Redeschlachten und auf den Straßen blutige Schlachten.

Trotz des Stimmenrückgangs der NSDAP bei der Novemberwahl 1932 wurde Hitler am 30. Januar 1933 von dem 85-jährigen Reichspräsidenten Hindenburg zum Reichskanzler ernannt.

Am Abend dieses Tages zogen viele Hitleranhänger in einem Fackelzug durch das Zentrum von Berlin. Sie jubelten ihrem „Führer" zu.

Hitler baut Schritt um Schritt seine Macht aus:

1933	**Chronik** der Ereignisse
3. 2.	Generäle begrüßen Hitlers Pläne.
27. 2.	Reichstagsgebäude in Berlin brennt – die Nazis heben die Grundrechte auf.
5. 3.	Reichstagswahl macht NSDAP und DNVP zur stärksten politischen Macht.
20. 3.	In Dachau wird das erste Konzentrationslager errichtet.
23. 3.	Das Ermächtigungsgesetz gibt Hitler freie Hand
1. 4.	Boykott jüdischer Geschäfte
2. 5.	Gewerkschaftshäuser werden besetzt
14. 7.	Parteienverbot, es gibt nur noch die NSDAP
1934	
2. 8.	Hitler wird Staatsoberhaupt und Oberbefehlshaber des Heeres

Aus der Weimarer Republik war nach anderthalb Jahren ein Führerstaat mit einem Diktator an der Spitze geworden.

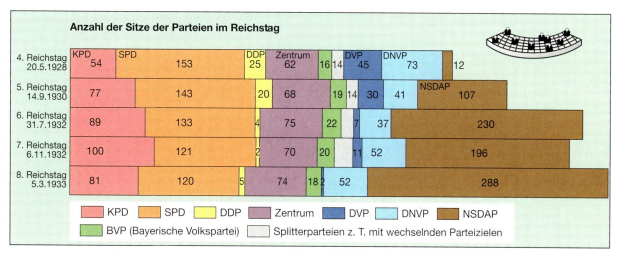

149.1 Wahlergebnisse aus den Jahren 1928 – 1933.

Marxismus:
Von Karl Marx begründete politische Lehre, auf die sich SPD und KPD bezogen

Hitler erklärte in einer Ansprache vor der Militärführung am 3. Februar 1933 seine Ziele

- Ausrottung des Marxismus „mit Stumpf und Stiel"
- Stärkung des Wehrwillens bei der Jugend, Ausbau der Wehrmacht
- Kampf gegen „Versailles"
- Eroberung neuen Lebensraumes im Osten und dort rücksichtslose „Germanisierung"

Die nationalsozialistische Regierung höhlte die Weimarer Verfassung Schritt für Schritt aus:

Einen Tag nach dem Reichstagsbrand wurden folgende Grundrechte der Weimarer Verfassung außer Kraft gesetzt:

- die persönliche Freiheit
- die freie Meinungsäußerung
- die Pressefreiheit
- das Versammlungsrecht
- das Recht auf Eigentum
- das Brief-, Post- und Telefongeheimnis

 1. Welche Parteien meinte Hitler, als er von der „Ausrottung des Marxismus" sprach?

 2. Diskutiert über die letzte Forderung in Hitlers Ansprache am 3. Februar 1933. Zu welchen Folgen musste diese führen? Betrachtet eine Karte.

 3. Stellt euch vor, ihr hättet als amerikanischer Zeitungsreporter in Deutschland gelesen, dass wichtige Grundrechte außer Kraft gesetzt worden sind. Wie würde euer Bericht darüber in einer amerikanischen Zeitung lauten?

Mädchen und Jungen unter dem Hakenkreuz

Der nationalsozialistische Staat wollte die Jugend im Sinne der NS-Ideologie beeinflussen und sie zu folgsamen Nationalsozialisten heranziehen. Am wichtigsten war das „Heranzüchten kerngesunder Körper", erst in zweiter Linie kam „die Ausbildung geistiger Fähigkeiten."

Diese Ziele sollten in der Hitlerjugend (HJ) verwirklicht werden. Sie war ab 1936 die einzige erlaubte staatliche Jugendorganisation. Ab 1939 mussten die Jugendlichen in die HJ eintreten. Dort wurde ihnen das Denken der Nationalsozialisten aufgezwungen.

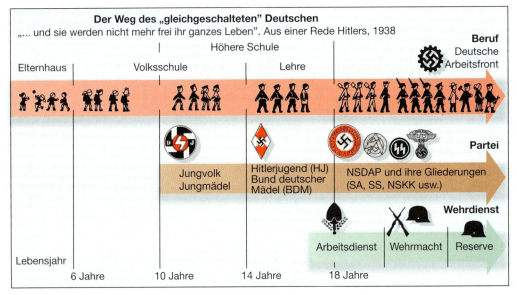

150.1 Beeinflussung der Jungen und Mädchen im Nationalsozialismus.

Q1 Die 15-jährige Melita wird am 1. März 1933 BDM-Mitglied. Als Erwachsene erinnert sie sich:

„Wenn ich den Gründen nachforsche, die es mir verlockend machten, in die Hitler-Jugend einzutreten, so stoße ich auf diesen: Ich wollte aus meinem kindlichen, engen Leben heraus und wollte mich an etwas binden, das groß und wesentlich war … . Da meine Eltern mir nicht erlaubten, Mitglied der Hitler-Jugend zu werden, wurde ich es heimlich. Was zunächst auf mich wartete, war eine bittere Enttäuschung. Die Zeit wurde mit dem Einkassieren der Beiträge, mit dem Führen unzähliger Listen und dem Einpauken von Liedertexten totgeschlagen … . In besseren Erinnerungen sind mir die Wochenendfahrten mit Wanderungen, Sport, den Lagerfeuern und dem Übernachten in Jugendherbergen."

 1. Melita Maschmann und Ludwig Helbig (Q3 auf S. 151) haben gute und schlechte Erinnerungen an die Zeit in BDM und Jungvolk. Diskutiert darüber.

151.1 Ein durchschnittliches Klassenzimmer im Jahre 1941.

151.2 Ein Pimpf (Mitglied des Jungvolkes) bekommt Schulterriemen und Fahrtenmesser überreicht. Foto 1936.

Q2 Kurt A. erzählt von seiner Zeit in einer Berliner Volksschule:
„Als ich zwölf oder dreizehn war, wurde in der Schule der Hitlergruß eingeführt. ... In der Schule wurde uns Rasse und nationale Einstellung bewusst gemacht. Da erfuhren wir, wie vorteilhaft es doch ist, deutsch zu sein. Lehrer machten z. B. im Zeichenunterricht auf unsere Schädelform aufmerksam. Es wurde auch betont, dass wir Gebiete, die deutsch sind, wiederhaben mussten."

Q3 Ludwig Helbig erinnert sich an seinen Jungvolkdienst:
„Am Mittwochnachmittag war Heimabend. Da hielt der Jungzugführer eine Art Unterricht ab. Wir lernten die Dienstgrade des Jungvolks, der Hitlerjugend, der Wehrmacht auswendig, ferner Fahnensprüche und Schwertworte und sangen Nazilieder. Der Lebensweg des Führers wurde wieder und wieder durchgekaut. Manchmal hatten wir auch Kartendienst."

1. Der Pimpf bekommt einiges überreicht. Wozu brauchte er das?

2. Schreibt auf, was der Berliner Schüler Kurt A. in seinem Unterricht gelernt hat und sagt eure Meinung dazu.

3. Bei Hitlers Rede (S. 150) klatschten die Zuhörer Beifall. Äußert euch.

152 ••• Im Hitler-Staat werden Menschen verfolgt

152.1 Häftlinge in einer SA-Kaserne in Berlin, Foto 1933.

Verschärfte Vernehmung
(Aus dem Erlass vom 12. 06. 1942)
„Die verschärfte Vernehmung darf nur angewendet werden gegen Kommunisten, Marxisten, Bibelforscher, Saboteure, Terroristen, Angehörige der Widerstandsbewegungen, Fallschirmagenten, Asoziale, polnische oder sowjetrussische Arbeitsverweigerer oder Bummelanten. Die Verschärfung kann je nach Sachlage u. a. bestehen in: einfachste Verpflegung (Wasser und Brot), hartes Lager, Dunkelzelle, Schlafentzug, Ermüdungsübungen, aber auch in der Verabreichung von Stockhieben."

152.2 „Verschärfte Vernehmung".

SS:
So genannte Schutzstaffel, die den Terror im NS-Staat maßgeblich mit organisierte und ausübte

Am 20. März 1933 wurde das erste Konzentrationslager (KZ) in Dachau bei München errichtet. Das konnten alle in der Zeitung lesen. In vielen Orten in Deutschland entstanden solche Lager. Einen Monat später wurde die politische Polizei in den Ländern zur „Geheimen Staatspolizei" (Gestapo) zusammengefasst. Heinrich Himmler wurde zum „Reichsführer SS" ernannt. Sein Dienstsitz war in Berlin.

Die neue Behörde war eingerichtet worden, um so genannte „staatsgefährliche" Bestrebungen im gesamten Staatsgebiet zu erforschen und zu bekämpfen. Verfolgt wurden aber auch so genannte Asoziale, etwa Bettler und Landstreicher, aber auch Sinti und Roma, Behinderte, Homosexuelle und Zeugen Jehovas.

Nach der „Reichstagsbrandverordnung" vom 28. Februar 1933 konnte die Polizei willkürlich jeden Verdächtigen auf unbegrenzte Zeit in „Schutzhaft" nehmen. Während des Krieges war es sogar erlaubt, Geständnisse mit Gewalt aus den Häftlingen herauszupressen.

Das Geheime Staatspolizeiamt (Gestapa) in Berlin ließ sich aus über 50 Staatspolizeistellen über die Aktivitäten der Regimegegner und die Stimmung im ganzen Volk informieren. Zwar galt die Gestapo als allwissend, aber die meisten Informationen erhielt sie von freiwilligen Mithelfern, Zuträgern und Helfershelfern. Rund 80% aller Festnahmen gingen auf mündliche oder schriftliche Hinweise solcher „Denunzianten" zurück.

Die Häftlinge wurden oft gequält, sie bekamen wenig zu essen und zu trinken. Viele mussten schwere und sinnlose Arbeiten verrichten. Viele starben an den Folgen der Haft, andere wurden ermordet. Wer entlassen wurde, musste über das Erlebte schweigen.

153.1 Im Konzentrationslager, und auf dem Weg dahin.

> Am 2. Mai 1939 machte Margarethe M., 27 Jahre alt, Felsengasse Nr. 3, folgende Mitteilung:
>
> „Im Frühjahr 1937 lernte ich den Arbeiter Konstantin M. kennen und verehelichte mich mit diesem im März 1938. Aus dem Vorleben meines Mannes ist mir bekannt, dass er der KPD als Mitglied angehört hat. ... Ein Zusammenleben mit meinem Mann ist zur Zeit fast nicht mehr möglich. Er ist, wenn er nach Hause kommt, immer streitsüchtig, hat mich schon wiederholt misshandelt und bedroht. Ich habe meinem Mann schon nahegelegt, dass er mich verlassen solle. ... Eines Tages kam mein Mann nach Hause und erklärte, dass er mit einem Mann zusammengetroffen sei, der ihm mitgeteilt hätte, dass eine illegale KPD-Gruppe bestünde und dieser eine große Anzahl Personen angehöre. Mein Mann hat auch geäußert, dass er dieser Organisation beitreten wolle. ... Ich bitte, dass gegen meinen Mann eingeschritten wird und wäre dafür, wenn er aus Würzburg und Umgebung ausgewiesen würde, damit ich von ihm meine Ruhe bekäme. ..."

153.2 Eine Arbeiterin denunziert ihren Mann bei der Staatspolizeistelle Würzburg.

1. Dem Erlass aus dem Jahre 1942 könnt ihr entnehmen, bei wem die Gestapo staatsgefährliche Bestrebungen vermutete. Schreibt sie heraus. Überlegt, was sie Gefährliches getan haben könnten.

2. Wie hat eurer Meinung nach ein Häftling auf die „verschärfte Vernehmung" reagiert? Versetzt euch in seine Lage.

3. Die Arbeiterfrau schwärzte ihren Mann bei der Gestapo an. Ihre Gründe?

154 ●●● Nur wenige setzen sich zur Wehr

Handzettel, bei der Verhaftung des Arbeiters Otto Gizewski am 23. 10. 1933 von der hannoverschen Polizei sichergestellt.

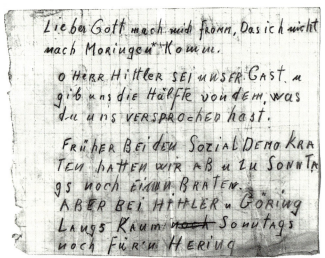

(Aus: Staatsarchiv Münster, Generalstaatsanwaltschaft Hamm, 1. Instanz, 1933 - 1945, Nr. 16180)

* In Moringen (Reg.-Bez. Hildesheim) waren 1933 zahlreiche politische Häftlinge untergebracht.

154.1 Handzettel eines Arbeiters.

154.3 Flugblatt von Wuppertaler Edelweißpiraten, 1942.

Das Beispiel Hannover 1933 bis 1936 Politische Urteile gegen KPD und Sozialistische Front (SF*)		
	KPD	**SF**
Gesamtzahl der Angeklagten	337	230
Todesstrafe	2	–
Gesamtzahl der Zuchthausstrafen**	129	83
Gesamtzahl der Gefängnisstrafen	152	130
Tod durch Folter	2	–
Geldstrafe	1	1
Freispruch	16	9
Verfahren eingestellt	47	4
Anzahl der Parteimitglieder im Jahre 1933	ca. 2.500 (KPD)	ca. 17.000 (SPD)
Wahlergebnisse am 5. März 1933 in Hannover	9,3%	31,9%

* Die SF ist eine sozialdemokratische Widerstandsgruppe (SPD).
** Zuchthaus war damals die schwerste Freiheitsstrafe.

154.2 Politische Prozesse.

Größere Widerstandsaktionen der Arbeiterschaft gegen den nationalsozialistischen Staat blieben aus. In einigen Betrieben gab es allerdings Streiks, auffällige Wandparolen und Handzettel.

Auch aus den Reihen der Kirchen, der Studenten und des Militärs wurde Widerstand geleistet. Die Widerständler wurden gnadenlos verfolgt. Am 20. Juli 1944 scheiterte ein Attentat auf Hitler. Die Offiziere, die am Attentat beteiligt waren, wurden hingerichtet.

Jugendliche machten in einzelnen Großstädten ihrem Ärger über den HJ-Dienst Luft. Diese „Edelweißpiraten" wurden hart bestraft.

155.1 Georg Elser.

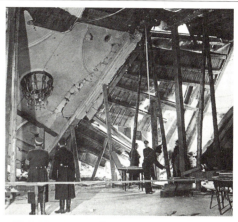
155.2 Zerstörter Bürgerbräukeller.

Der Attentäter aus dem Volke

Georg Elser wurde 1903 geboren. Er war von Beruf Schreiner. Während der Wirtschaftskrise war er zeitweise arbeitslos. Im Herbst 1938 entschloss er sich zum Attentat auf Hitler. Er bastelte eine Bombe und versteckte sie im Münchner Bürgerbräukeller. Dort sprach der „Führer" regelmäßig vor „alten Kämpfern" der NSDAP. Hitler verließ früher als sonst die Versammlung. Deshalb überlebte er. Es gab Tote und Verletzte. Elser wurde verhaftet, von der Gestapo in Berlin verhört und in das KZ Dachau gebracht. Dort wurde er am 9. April 1945 kurz vor Kriegsende ermordet.

Aus dem Vernehmungsprotokoll Elsers durch die Gestapo

„Nach meiner Ansicht haben sich die Verhältnisse in der Arbeiterschaft nach der nationalen Revolution in verschiedener Hinsicht verschlechtert ... Der Arbeiter ist heute durch die HJ nicht mehr Herr seiner Kinder. ... Ich war bereits voriges Jahr der Überzeugung, ... dass ein Krieg unvermeidlich ist. Der Gedanke der Beseitigung der Führung ließ mich damals nicht mehr zur Ruhe kommen und bereits im Herbst 1938 hatte ich aufgrund der immer angestellten Betrachtungen den Entschluss gefasst, die Beseitigung des Führers selbst vorzunehmen. ..."

1. Entwerft einen Handzettel oder ein Flugblatt. Dabei könnt ihr die Vorlage verwenden oder auch eigene Beschwerden mitteilen.

2. Die Tabelle enthält einige Auffälligkeiten. Ob ihr sie herausfindet?

3. Der Schreinergeselle Elser hatte mehrere Gründe für sein Attentat. Schreibt sie auf und diskutiert darüber in einer kleinen Gruppe.

Es ist Krieg

156.1 Einmarsch in Salzburg, Österreich 1938.

156.2 Einmarsch in Prag, Tschechoslowakei 1939.

156.3 Einmarsch in Polen 1939.

Hitler und die Spitzen der Wehrmacht wollten die „Schande von Versailles" ausradieren und im Osten „neuen Lebensraum" erobern. Als deutsche Truppen 1938 in Österreich und 1939 in der Tschechoslowakei einmarschierten, nahmen die Siegermächte von 1918 dies noch hin. Aber nach dem Überfall deutscher Soldaten auf Polen am 1. September 1939 erklärten Großbritannien und Frankreich Deutschland den Krieg. So begann der Zweite Weltkrieg. Im Juni 1941 überfiel Deutschland auch noch die Sowjetunion (UdSSR), und im Dezember 1941 erklärte es den USA den Krieg. Deutschland hatte viele Gewehre, Kanonen, Panzer, Flugzeuge und Kriegsschiffe gebaut. Im Jahr 1935 war die Wehrpflicht eingeführt worden. Jetzt standen über 7 Millionen Männer für den Kriegsdienst bereit. In „Blitzkriegen" wurde halb Europa angegriffen und niedergeworfen. Die deutsche Wehrmacht schien unbesiegbar. Nur das Inselreich Großbritannien gab sich nicht geschlagen.
In Gefechtspausen oder im Lazarett haben einfache Soldaten und Offiziere ihren Frauen oder Eltern geschrieben.

Q1 Auszug aus einem Feldpostbrief vom Oktober 1939 (Polen):
„Diesmal ist unsere Auslandsreise etwas anders ausgefallen als wie bei Österreich und Tschechei. Wir können froh sein, dass es noch so ausgefallen ist ..."

Q2 Auszug aus einem Feldpostbrief vom Juni 1940 (Frankreich):
„Wohin es weitergeht, wissen wir auch nicht. Hoffentlich nach England. So kämpfen wir, bis dieser Krieg zuende ist. Unser ganzes Leben ist nur Kampf ..."

 1. Fertigt eine Zeichnung vom Gesichtsausdruck der beiden Briefschreiber.

Krieg in Europa

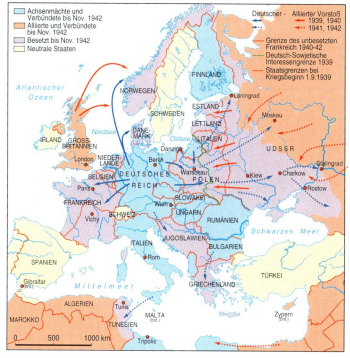

157.1 Europa im Zweiten Weltkrieg.

Auch Frauen waren als Nachrichten-, Stabs-, Marine-, Luftwaffen-, Schwestern- und Flakhelferinnen in der Wehrmacht eingesetzt, schätzungsweise eine halbe Million. „Ob Männer oder Frauen ist ganz wurscht. Eingesetzt muss alles werden." Mit diesen Worten befahl Hitler im Frühjahr 1945 sogar die Bildung eines Frauenbataillons.

Selbst Kinder und Jugendliche wurden in den letzten Kriegstagen einberufen. In der HJ waren sie ja darauf vorbereitet worden. Tausende kämpften in der „Panzerdivision Hitler-Jugend" und im „Volkssturm" todesmutig. Die Wirklichkeit sah anders aus:

Verführt und verheizt

157.2 Ein 16-Jähriger bei Kriegsende 1945.

157.3 Georg Thiel.

```
Georg Thiel
Kriegsfreiwilliger Flieger
in einem Lw.-Batl.,
geb. 4. 10. 26
gest. am 2. 11. 44 im Westen.
Uffz. Karl Thiel. z. Zt.
Wehrmacht
Fr. Kath., Thiel. geb.
Schojahn. nebst
Geschwistern u. Verwandten.
Kassel-B.
Großalmeroder Str. 36.
```

157.4 Todesanzeige.

 1. Findet heraus, gegen welche Bestimmungen des Versailler Vertrages (vgl. S. 143) Hitlerdeutschland verstoßen hat.

 2. Dem „Führer" war „wurscht", wer im Krieg stand und fiel. Äußert euch dazu. Könnt ihr mit dem Wort „Kanonenfutter" etwas anfangen?

Deutschland will die Sowjetunion beherrschen und ausbeuten

158.1 Arbeiter eines Moskauer Werkes hören aus Straßenlautsprechern vom Einmarsch der deutschen Soldaten am 22. 6. 1941.

158.2 Sowjetische Bevölkerung bei Straßenarbeiten für die Wehrmacht (1942).

Die Bevölkerung der UdSSR war am 22. Juni 1941 fassungslos. Sie erfuhr, dass deutsche Soldaten im Morgengrauen auf breiter Front zwischen Ostsee und Schwarzem Meer die russische Grenze überschritten hatten. Es waren über drei Millionen. Die Luftwaffe bombardierte russische Städte, z. B. Kiew. Auch die russische Militärführung und Stalin waren überrascht. Noch im August 1939 hatten der deutsche und der russische Diktator vereinbart, sich nicht anzugreifen. Doch Hitler sah von Anfang an in dem Staat im Osten seinen Hauptfeind. Er verachtete die Russen und bezeichnete sie als Untermenschen.

Das große weite Land besaß fruchtbare Ackerböden und wertvolle Bodenschätze, z. B. Kohle, Erze und Erdöl. Hitler wollte sie dem Deutschen Reich einverleiben. Die russischen Menschen sollten zu Sklavenarbeit gezwungen oder nach Sibirien abgeschoben werden, oder sie sollten ganz einfach verhungern. So sollte für deutsche Siedler russischer Boden gestohlen werden.

Der deutsche Vormarsch wurde von der Roten Armee im Dezember 1941 dreißig Kilometer vor Moskau gestoppt. Die bisher siegreichen Deutschen hatten inzwischen über 3 Millionen Rotarmisten gefangen genommen. Die Zahl erhöhte sich später. Viele von ihnen wurden nach Deutschland verschleppt und in Häftlingslagern notdürftig untergebracht. Insgesamt starben über die Hälfte der fast 6 Millionen russischen Kriegsgefangenen.

159.1 „Ostarbeiterinnen" bei Siemens in Berlin, August 1943.

Auch die deutschen Eroberer verloren viele Soldaten. Bis Ende 1941 gerieten über Hunderttausend in russische Kriegsgefangenschaft, bis 1944/45 über drei Millionen.

Die entstandenen Lücken stopfte man durch jüngere und ältere Soldaten aus Deutschland. Ihre Arbeitskraft wurde durch Zwangsarbeiter aus den eroberten Gebieten ersetzt.

Fast drei Millionen russische „Ostarbeiter" wurden nach Deutschland verschleppt, um in Landwirtschaft und Industrie Zwangsarbeit zu leisten.

Sie erhielten nur geringen Lohn und viele wurden schlecht ernährt. Untergebracht waren sie in Zwangsarbeiterlagern. In Berlin gab es allein 666 davon. In nahezu jeder deutschen Stadt gab es einen „Russenfriedhof".

Die wenigen überlebenden ehemaligen Zwangsarbeiter erhielten erst 55 Jahre später eine finanzielle Entschädigung.

Verpflegung der sowjetischen Kriegsgefangenen und Ostarbeiter (Protokollauszug v. 24. Nov. 1941).

„Die Versuche über ein besonders herzustellendes Russenbrot haben ergeben, dass die günstigste Mischung sich aus 50% Roggenschrot, 20% Zuckerrübenschnitzel, 20% Zellmehl und 10% Strohmehl oder Laub ergibt. Der Fleischbedarf der Russenernährung wird restlos auf Pferde- und Freibankfleisch beruhen müssen."

159.2 Russenbrot.

1. Deutschland erhoffte sich von einem Sieg über die Sowjetunion Vorteile. Schreibt sie kurz auf. Sie beziehen sich auf das Land und die Leute.

2. Stellt nach dem Rezept ein Russenbrot her und probiert es. Was versteht man heute unter „Russenbrot"?

3. Erkundigt euch, ob es in eurer Umgebung ein russisches Kriegsgefangenenlager oder ein Zwangsarbeiterlager gegeben hat.

Konzentrationslager – Tod durch Arbeit

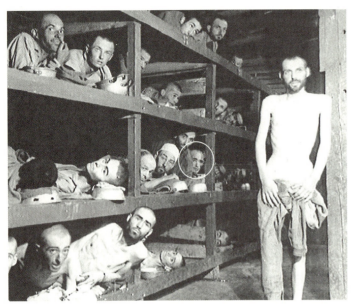

160.1 Überlebende des Konzentrationslagers Buchenwald. Foto 1945. Eli Wiesel haben wir hervorgehoben (Kreis).

Dieses Foto nahm am 12. April 1945 im Konzentrationslager Buchenwald ein amerikanischer Soldat auf. Er befreite mit seiner Truppe das Lager. Sie hielten die Gefangenen in den Baracken für alte Männer. Sie schüttelten ungläubig die Köpfe, als einer der Häftlinge, **Eli Wiesel,** ihnen sagte, dass sie alle etwa 15 Jahre alt waren. Er gehört zu den wenigen Überlebenden der Vernichtungslager. Millionen Häftlinge wurden grausam zu Tode gequält.

So wie Eli Wiesel erging es in der Zeit des Nationalsozialismus vielen Frauen, Männern und Kindern. Sie wurden wegen ihrer politischen Überzeugung, ihrer Religion, wegen ihrer „Rasse" oder ihrer Volkszugehörigkeit inhaftiert. Die Nationalsozialisten hatten Konzentrationslager (KZ) errichtet, in die sie einsperrten, wen sie verfolgten. Zuerst waren es Kommunisten und Sozialdemokraten, dann überzeugte Christen und Demokraten. Ihr besonderer Hass galt den Juden, Homosexuellen, den Sinti und Roma.

Die Häftlinge der KZ mussten in Firmen äußerst hart arbeiten. Sie erhielten nur ganz wenig Essen. Die SS rechnete damit, dass ein Gefangener nach sechs Monaten nicht mehr arbeitsfähig war. Das schlimmste Todeslager war Auschwitz.
Aber auch in Zwangsarbeitslagern wie Buchenwald und Dachau starben Tausende Häftlinge.

Zum Beispiel: Eli Wiesel

Eli Wiesel, 1928 geboren, 1944 von den Deutschen mit seiner Familie in das Vernichtungslager Auschwitz deportiert (verschleppt). Seine Mutter und seine kleine Schwester wurden dort umgebracht. Wiesel überlebte als Zwangsarbeiter. Im Januar 1945 wurde er nach Buchenwald verschleppt. Am 11. April befreiten die Amerikaner den fast verhungerten Jungen. Wiesel ist heute Amerikaner, Universitätsprofessor und Schriftsteller in New York. 1986 erhielt er den Friedensnobelpreis.
Lesetipp (Auszüge): Eli Wiesel, Die Nacht. Roman, Freiburg 1996.

160.2 Eli Wiesel – ein Schicksal von vielen.

161.1 Häftlingsfrauen leisteten Sklavenarbeit in Werksbaracken im KZ Ravensbrück. Die SS „verlieh" sie für 30 Pfennig bis 5 Reichsmark an Firmen, wo sie bis zu 12 Stunden arbeiteten.

Q1 Geschichtsforscher sammelten Berichte der Sinti-Frau **Asta Fadler:**

„Frau Asta Fadler kam im Jahre 1940 im Alter von 16 Jahren nach Ravensbrück ... Siemens konnte es sich leisten, unter den weiblichen Häftlingen von Ravensbrück die besten und tüchtigsten auszusuchen. ... Viele Frauen waren schwach, weil sie sehr schlecht ernährt wurden, und wurden bei der Arbeit geprügelt. ... Es gab Frauen, die in mehreren Rüstungsbetrieben Sklavenarbeit leisten mussten. Aber es wurden durchaus ‚Selektionen für die Gaskammer durchgeführt.'"

Q2 Der ehemalige Buchenwald-Häftling **Eugen Kogon** berichtet:

„Die Toten wurden zur Verbrennung meist in die Stammlager gebracht ... aus dem Außenlager „Dora" bei Nordhausen ... (kamen) zeitweise jeden Tag wenigstens 100. Die Leichen waren über alle Maßen verdreckt, verlaust und verkommen, ihr Durchschnittsgewicht betrug selten über 40 Kilogramm; sie waren in Klumpen zusammengeballt und kaum mehr zu trennen. (Im Winter 1943/44) lag die Sterblichkeit im KZ ‚Dora' nie unter 1500 Personen monatlich."

161.2 Tote des Konzentrationslagers Buchenwald. Foto eines amerikanischen Soldaten, April 1945.

1. Beschreibt die Erfahrungen der Häftlinge Eli Wiesel und Asta Fadler.

2. Sammelt die Gründe der Nationalsozialisten zur Errichtung der Konzentrationslager.

Die Ermordung der europäischen Juden

Am 20. Januar 1942 fand von 12.00 bis 14.00 Uhr in der Villa am Wannsee Nr. 56/58 in Berlin eine Sitzung statt. Zu der „Besprechung mit anschließendem Frühstück" hatte Heydrich, die rechte Hand des SS-Führers Himmler, hohe SS-Offiziere und Staatsbeamte eingeladen. Was in der Wannsee-Villa besprochen wurde, kann man in der Niederschrift (Protokoll) von Adolf Eichmann nachlesen.
Es ging bei der Wannsee-Konferenz um die Ermordung von über 11 Millionen europäischer Juden.

Die europäischen Juden sollten in den Osten abgeschoben werden und dort durch Schwerstarbeit oder Verhungern sterben. Die meisten Menschen wurden aber durch Gas getötet. Keiner der Anwesenden bei der Wannsee-Konferenz lehnte damals diese „Endlösung der Judenfrage" ab. Adolf Hitler sprach ja schon seit Jahren von der „Vernichtung der jüdischen Rasse".

Viele Deutsche waren mit Hitler der Meinung, dass die Juden „unser Unglück" seien. Sie haben deshalb weggesehen, als ihre jüdischen Nachbarn oder Arbeitskollegen schikaniert wurden und vor ihren Augen aus ihren Wohnungen vertrieben und in „Judenhäuser" gesteckt wurden. Diese feindselige Einstellung gegenüber den Juden nennt man Antisemitismus. Er war damals weit verbreitet. Nur wenige Deutsche haben mutig Juden geholfen und sie versteckt.

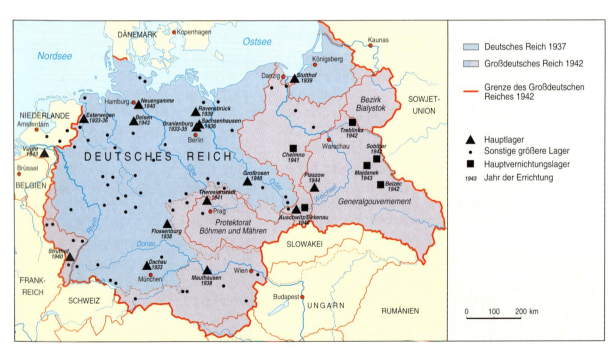

162.1 Konzentrations- und Vernichtungslager

163.1 Das Bild hat Alfred Kantor gezeichnet.

Der Prager Jude wurde nach Auschwitz verschleppt. Kurz vor Kriegsende kam er frei. Einzelne Bleistiftzeichnungen fertigte er in den Lagern an. Daraus stellte er später ein Bild-Tagebuch zusammen.

Q1 Aus dem Buch des Alfred Kantor:

„Ich erinnere mich noch besonders gut eines Mädchens mit langen, blonden Haaren in einem Lodenmantel. ‚Bald wirst du den Rauch sehen; um die ist es geschehen', sagte ein Mann neben mir. Und so war es auch. Der Schlot begann zu speien. Solche Anblicke, die einem das Mark gefrieren ließen, waren es, die mich in den allerersten Tagen in Auschwitz dazu trieben, wieder einen Weg zu suchen, um zeichnen zu können. Ich fühlte mich wie von einem Drang getrieben, jede Einzelheit dieses unsagbaren Ortes festzuhalten."

Auschwitz war die größte der sechs Todesfabriken im besiegten Polen. Der erste Lagerkommandant, Rudolf Höß, gab die Zahl der durch Gas ermordeten Häftlinge mit 1.300.000 an. Die meisten waren jüdische Frauen, Männer und Kinder; aber auch russische Kriegsgefangene, Polen und etwa 20.000 Sinti und Roma (damals hießen sie Zigeuner).
Soldaten der Roten Armee befreiten am 27. Januar 1945 die letzten 7.650 entkräfteten Häftlinge.

Am 8. Mai 1945 kapitulierte das Deutsche Reich. Amerikanische, englische, französische und russische Soldaten hatten den Zweiten Weltkrieg beendet.

 1. Der Protokollant Adolf Eichmann stand 1961 in Jerusalem vor Gericht. Er hat seine Beteiligung am Judenmord nicht geleugnet. Er sagte, er habe nur Befehle ausgeführt. Äußert euch dazu.

 2. Warum nennt Alfred Kantor Auschwitz einen „unsagbaren Ort"? Schaut euch dazu sein Bild an.

164 ••• Die Auschwitz-Leugner

164.1 „Eselskopfaktion" von Rechtsradikalen 1978 in Hamburg.

Q1 Verhörprotokoll des Ingenieurs Kurt Prüfer vom 4. März 1946:
„Welche technischen Anlagen baute die Firma Topf und Söhne für die Gaskammern?" – Prüfer: „Zuerst wurden die Gaskammern als Leichenkeller bezeichnet. Dort wurde ein Belüftungssystem eingebaut; doch uns war danach klar, dass in den Gaskammern Menschen starben."

164.2 Ein Zeuge wurde bei Gericht verhört. Hamburg.

Der Holocaust (wörtlich übersetzt: das Brandopfer) ist von vielen Geschichtswissenschaftlern (Historikern) gründlich erforscht worden. Auch im Internet kann man sich darüber informieren.
Von den jüdischen Opfern gibt es ebenfalls eine große Zahl von Berichten. Manche konnten sich erst nach 50 Jahren entschließen, über ihre Erlebnisse in den Todesfabriken zu schreiben. Sie wollten Zeugnis ablegen. Viele Einzelheiten der Mordtaten brachten die Prozesse ans Tageslicht, die gegen kleine und große Täter geführt wurden. Der bekannteste war der Auschwitzprozess in Frankfurt im Jahre 1963.

In Quellensammlungen kann man nachlesen, was die Täter und ihre Helfershelfer den Juden antaten.

Trotz dieser Fülle schriftlicher und bildlicher Beweise gibt es Menschen, die den Massenmord an den Juden leugnen. Das sind unverbesserliche und unbelehrbare Antisemiten, Rechtsradikale oder Neofaschisten.
Noch im Jahr 2000 wurde der englische Historiker David Irving in London verurteilt. Er behauptete, in Auschwitz habe es keine Gaskammern gegeben, die sichtbaren Gebäude seien „Attrappen". Auch in Deutschland wird bestraft, wer erwiesene Unwahrheiten verbreitet wie D. Irving.

 1. Stellt euch vor, ihr kennt einen Enkel eines in Auschwitz umgebrachten jüdischen Ehepaars. Entwerft mit ihm ein Plakat, mit dem ihr gegen die Lügen von Irving bei seinem Prozess in London protestieren würdet.

Kompakt: Wir fertigen eine Zeitleiste

Kein anderes Land hat Europa in der ersten Hälfte des 20. Jahrhunderts so tief seinen Stempel eingebrannt wie Deutschland. Zwei Weltkriege hat das Deutsche Reich geführt. Auf die Katastrophe des Ersten Weltkriegs folgte unter Hitlers Führung der Zweite Weltkrieg mit dem Verbrechen des Jahrhunderts: dem millionenfachen Mord an den europäischen Juden.

Um einen Überblick über diese unruhigen Jahre von 1914 bis 1945 zu bekommen, könnt ihr eine Zeitleiste anfertigen.

Für eure Zeitleiste müsst ihr Folgendes besorgen und bearbeiten:

- weiße Wandtapete, Malstifte
- tragt einen Zeitstrahl von 1919 bis 1945 auf der Tapete ein,
- sucht mindestens ein wichtiges Ereignis von jeder Doppelseite 140 bis 163 aus,
- sucht und kopiert ein Bild zu jedem Ereignis oder fertigt je ein eigenes Bild an,
- bringt eine Einteilung von 1919 bis 1933 (Weimarer Republik) und 1933 bis 1945 (NS-Staat) auf der Tapete an,
- tragt in die Einteilung jedes Einzelereignis ein (Datum),
- tragt das Ereignis über dem Datum ein,
- klebt das passende Bild dazu,
- bringt die Bilder so an, dass ihr sie leicht wieder abnehmen könnt,
- überprüft durch erneutes Aufhängen euer Gedächtnis.

Bei diesem Beispiel haben wir die Arbeit schon einmal angefangen:

Deutschland von 1945 bis heute

Am 8. Mai 1945 endete der Zweite Weltkrieg. Deutschland war befreit von der nationalsozialistischen Herrschaft.

60 Millionen Menschen, Soldaten und Zivilisten, waren tot.

6 Millionen Juden waren ermordet worden. Umgebracht worden waren auch viele Hunderttausend Sinti, Roma, Behinderte, Homosexuelle und politische Gegner der Nationalsozialisten.

Zahlreiche Städte in Deutschland und Europa waren völlig zerstört.

Nach dem Krieg

Endlich war der Krieg vorbei. Die Folgen des Krieges aber bestimmten noch lange das Leben der Menschen.

Aber wie sah der Alltag in der Nachkriegszeit aus?

Helene K. berichtet über ihre Erlebnisse:

> „Eingeteilt wurde ich zuerst, um Dachböden zu entrümpeln. Da haben wir Eimer genommen und sind hochgelaufen. Fünf Treppen.
>
> … Oben haben wir dann den ganzen Schutt in die Eimer gepackt und wieder runter. Unten standen dann andere Frauen, die haben alle sortiert. Die Steine, die noch gut waren kamen auf eine andere Baustelle."
>
> „Ansonsten haben wir doch nur gefroren. Dazu noch der ewige Hunger und Weihnachten stand doch vor der Tür."
>
> „Ja, ick hab geklaut und wie ick geklaut habe, und wenn ick ganz ehrlich bin, bereut hab ick det nich."

168.1 Die Winter sind kalt: Kohlenklau.

168.2 Trümmerfrauen bei der Arbeit.

1. Beschreibt das Leben in der Nachkriegszeit.

2. Viele Frauen wurden damals auch Trümmerfrauen genannt. Könnt ihr euch vorstellen, warum?

3. Wie sah eure Heimat nach dem Krieg aus? Wen könnt ihr befragen? Sammelt Informationen und Fotos. Erstellt eine Wandzeitung.

Deutschland war jetzt besetzt von den Soldaten der Siegermächte.

Aber: Wie sollte es weitergehen mit Deutschland?

UdSSR:
= Sowjetunion heute nicht mehr bestehender Staat in Osteuropa und Asien

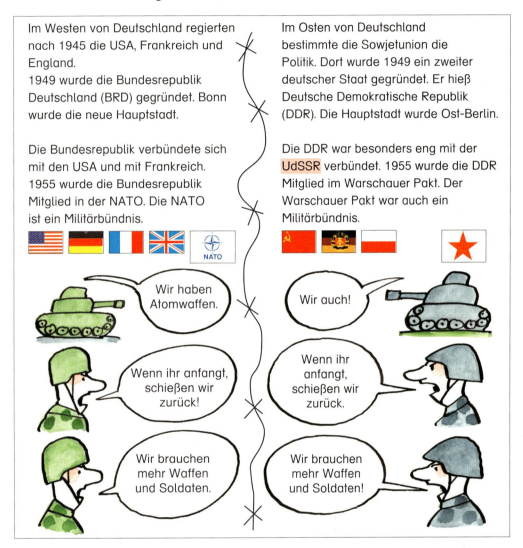

Im Westen von Deutschland regierten nach 1945 die USA, Frankreich und England.
1949 wurde die Bundesrepublik Deutschland (BRD) gegründet. Bonn wurde die neue Hauptstadt.

Die Bundesrepublik verbündete sich mit den USA und mit Frankreich. 1955 wurde die Bundesrepublik Mitglied in der NATO. Die NATO ist ein Militärbündnis.

Im Osten von Deutschland bestimmte die Sowjetunion die Politik. Dort wurde 1949 ein zweiter deutscher Staat gegründet. Er hieß Deutsche Demokratische Republik (DDR). Die Hauptstadt wurde Ost-Berlin.

Die DDR war besonders eng mit der UdSSR verbündet. 1955 wurde die DDR Mitglied im Warschauer Pakt. Der Warschauer Pakt war auch ein Militärbündnis.

Wir haben Atomwaffen.
Wir auch!
Wenn ihr anfangt, schießen wir zurück!
Wenn ihr anfangt, schießen wir zurück.
Wir brauchen mehr Waffen und Soldaten.
Wir brauchen mehr Waffen und Soldaten!

Schließlich standen sich beide deutsche Staaten wie Feinde gegenüber. Soldaten aus beiden deutschen Staaten richteten ihre Waffen aufeinander.

Es gab keinen wirklichen Krieg, aber viele Menschen hatten Angst. Diese Zeit wurde der „Kalte Krieg" genannt.

1. Finde heraus: Welche Länder waren in der NATO, welche im Warschauer Pakt.

2. Beschreibe mit eigenen Worten. Was bedeutet „Kalter Krieg"?

170 ••• Der Kampf um Ideen beherrscht die Welt

Der „Kalte Krieg" beherrschte nach 1945 fast die ganze Welt. Nicht nur Deutschland war geteilt. Die ganze Welt war geteilt. Im Westen die mächtigen USA und ihre Verbündeten. Und im Osten die mächtige UdSSR mit ihren Verbündeten. Woher aber kam die Feindschaft zwischen Ost und West?

170.1 Karl Marx (1818 – 1883) hielt den Unterschied zwischen Kapitalisten und Proletariern für ungerecht.
Er meinte, die Reichen würden immer reicher und die Armen würden immer ärmer.

Marxismus:
Von Karl Marx begründete politische Lehre, auf die sich SPD und KPD bezogen

Ein Grund für den „Kalten Krieg" waren die Ideen von zwei Männern. Karl Marx nannte die Besitzer von Produktionsmitteln „Kapitalisten". Produktionsmittel sind Fabriken und Maschinen. Deshalb können die Kapitalisten die einfachen Arbeiter, das „Proletariat", ausbeuten. Karl Marx forderte das Proletariat zum Kampf gegen die Kapitalisten auf:
„Proletarier aller Länder vereinigt euch!" Nach dem Sieg des Proletariats werde es eine Gesellschaft geben, in der Gleichheit aller Menschen herrscht. Der gesamte Reichtum eines Landes gehörte dann allen Menschen gemeinsam.
Er nannte diese Idee Kommunismus.

Lenin stürzte die Regierung und gründete 1917 die UdSSR. Es kam zu einem Bürgerkrieg, der bis 1922 dauerte.

170.2 Wladimir Iljitsch Lenin (1870 – 1924) glaubte, dass die Arbeiter eine starke Führung bräuchten.

Er glaubte auch an den Kommunismus von Karl Marx. Lenin glaubte aber, dass die Arbeiter eine starke Führung bräuchten. Deshalb baute Lenin die Kommunistische Partei auf.

Diese Partei hatte die alleinige Herrschaft in der UdSSR. Menschen, die gegen die Partei waren, wurden unterdrückt, eingesperrt oder umgebracht.

1. Welche drei Begriffe zu Marx und Lenin haltet ihr für die wichtigsten? Schreibt sie auf. Sprecht darüber.

2. Es gibt heute nur noch sehr wenig Menschen, die an die Ideen von Marx und Lenin glauben. Was denkt ihr über ihre Ideen?

Die Ideen von Marx und Lenin bestimmten die Politik in der DDR.
- Es durfte grundsätzlich keine Kapitalisten in der DDR geben. Die Produktionsmittel gehörten dem Staat.
- 1946 entstand die Sozialistische Einheitspartei Deutschlands (SED) aus KPD und SPD. Die SED entschied alle wichtigen Fragen alleine.
- Menschen, die offen gegen die SED waren, wurden unterdrückt und eingesperrt. Die Stasi bespitzelte die Bürger.
- Man glaubte, dass in Zukunft die Ideen von Marx und Lenin die ganze Welt beherrschen werden.

Stasi: Geheimpolizei zum Aushorchen der Bürger

171.1 Viele Menschen in der DDR waren mit der Politik nicht einverstanden. Am 17. Juni 1953 gab es in Ostberlin einen Aufstand. Arbeiter demonstrierten für höhere Löhne.
Mit sowjetischen Panzern wurden die Demonstrationen niedergeschlagen. Es gab Tote und Verletzte.

Die Menschen in den USA und in der Bundesrepublik beobachteten die Politik der DDR und der UdSSR genau. Der Westen war überhaupt nicht einverstanden mit den Ideen von Marx und Lenin. Und so kam es dazu, dass man sich im „Kalten Krieg" darüber stritt, wer das bessere politische System hat.

System: Alle Regeln und Gesetze eines Staates zusammen

Bei euch leben die Menschen nicht in Freiheit. Ihr unterdrückt sie. Niemand darf viel Eigentum besitzen. Die SED bestimmt alles alleine. Das ist nicht demokratisch. Außerdem wollt ihr die ganze Welt beherrschen.

Bei euch beuten die „Kapitalisten" die Arbeiter aus. Nur die „Kapitalisten" haben die Macht. Bei euch sind nur die Menschen frei, die viel Geld haben. Das ist ungerecht. Außerdem wollt ihr die ganze Welt beherrschen.

1. Im „Kalten Krieg" stritt man sich heftig um die Begriffe Freiheit und Gleichheit. Erstellt in Gruppenarbeit ein Plakat.

Freiheit	Gleichheit
bedeutet für mich...	bedeutet für mich...
...	...

172 ●●● 1961: Die Mauer wird gebaut

Zwölf Jahre lang gab es nun schon zwei Staaten in Deutschland. Die Grenze war mit einem Stacheldrahtzaun befestigt. In Berlin aber konnten die Menschen noch ohne Probleme von Osten nach Westen und von Westen nach Osten reisen.

Leben in der Bundesrepublik

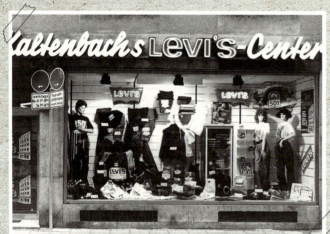

172.1 Schöne Warenwelt.

172.3 Elvis Presley

172.2 Kundgebung.

Leben in der DDR

173.1 Bau der Mauer in Berlin.

173.2 Peter Fechter ist verblutet. Er wird von DDR-Grenzern fortgetragen.

Der Bau der Berliner Mauer begann am 13. 8. 1961. Die DDR-Regierung wollte verhindern, dass immer mehr Menschen von der DDR in die Bundesrepublik flohen. Die Berliner Mauer und die gesamte deutsch-deutsche Grenze wurde von Soldaten bewacht. Sie hatten den Befehl, auf Flüchtlinge zu schießen.

Insgesamt starben etwa 825 Menschen aus der DDR, als sie ihr Land verlassen wollten.

173.3 Campingurlaub.

173.4 Unser liebstes Auto: Der Trabant.

1. Was denken die Menschen hinter der Mauer gerade (Foto 173.1)?

2. Die Grenze zwischen der DDR und der Bundesrepublik wurde auch „Eiserner Vorhang" genannt. Warum wurde sie wohl so genannt?

3. In Büchereien findet ihr Bildbände über das Leben in beiden deutschen Staaten. Sucht Bilder aus ähnlichen Lebensbereichen und vergleicht sie.

Das Ende der DDR

1989 wurden die Menschen in der DDR immer unzufriedener. Es gab keine freien Wahlen. Man durfte die eigene Meinung nicht offen sagen. Die Regale in den Geschäften waren oft leer. Und das wichtigste war: Die Menschen wollten endlich reisen, wohin sie wollten. Aber: Die Mauer stand immer noch. Also nahmen immer mehr DDR-Bürger ihr Schicksal in die eigene Hand. Im Sommer 1989 flohen Tausende über die Grenze von Ungarn nach Österreich.

Viele Männer und Frauen blieben in der DDR. Am 2. Oktober demonstrierten in Leipzig ca. 15 000 Menschen. Sie riefen: „Wir bleiben hier!" Am 9. Oktober demonstrierten bereits über 75 000 Menschen gegen die Regierung. Sie riefen: „Wir sind das Volk!"

Die Führung der DDR wollte diese Demonstrationen verbieten. Die Menschen ließen sich aber nichts mehr verbieten. Überall in der DDR demonstrierten sie für ihre Rechte. Am 9. November war es dann soweit. Die Demonstranten hatten sich durchgesetzt. Die Mauer wurde geöffnet. Endlich durfte jeder reisen, wohin er wollte. Viele Menschen weinten vor Freude und auf den Straßen von Berlin gab es eine riesengroße Party.

174.1 Flucht aus der DDR.

174.2 9. November: Demonstration in Ostberlin.

174.3 Überschrift auf einem „SPIEGEL"-Umschlag.

1. Die Menschen in der DDR waren 1989 sehr unzufrieden. Was wünschten sie sich für die Zukunft?

Winter 1990 – Ab durch die Mauer – Endlich frei!

Frühling 1990: Demonstration für die Wiedervereinigung.

Sommer 1990: Bundeskanzler Kohl und Generalsekretär Gorbatschow verhandeln.

3. Oktober 1990: Die Einheit ist vollendet – jetzt wird gefeiert.

Die fünf neuen Bundesländer:

Mecklenburg-Vorpommern, Brandenburg, Sachsen-Anhalt, Thüringen, Sachsen

Innerhalb von einem Jahr war vieles anders in Deutschland. Erst war die Mauer weg. Schließlich verschwand sogar ein ganzes Land: die DDR. Dafür entstanden 1990 fünf neue Bundesländer.

Deutschlands Nachbarn wollten wissen, wie es weitergeht. Deutschland versprach:
- Von Deutschland soll nie wieder ein Krieg ausgehen.
- Die Europäische Union wird weiter voran gebracht.

1. Sucht Zeitzeugen für 1989 und 1990. Lasst sie erzählen.

2. Erstellt einen Zeitstrahl: alle wichtigen Ereignisse für 1989 und 1990.

3. „Wahnsinn" war das Lieblingswort vieler DDR-Bürger nach dem 9. November. Könnt ihr euch denken warum?

176 ••• Zehn Jahre danach – vieles ist anders geworden

176.1 Potsdamer Platz 1990.

176.2 Potsdamer Platz 2000.

Vieles ist anders geworden im vereinigten Deutschland. Berlin ist wieder Hauptstadt von allen Deutschen. Am Potsdamer Platz mitten in Berlin kann man beobachten, was sich verändert hat. Überall in den fünf neuen Bundesländern wurden Häuser gebaut oder renoviert. Neue Betriebe und Fabriken entstanden. Aber nicht alles ist sofort besser geworden im Leben der Menschen: Alte Betriebe mussten schließen, viele Menschen wurden arbeitslos. Zahlreiche ältere Menschen haben die Hoffnung aufgegeben, je wieder eine Arbeitsstelle zu finden. Aber auch Jugendliche finden häufig keine Lehrstelle.

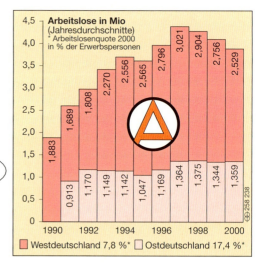

1. Es gibt sehr unterschiedliche Meinungen über Deutschland nach der Wiedervereinigung. Überlegt euch mindestens drei Fragen und macht eine Meinungsumfrage in eurer Stadt.

2. Stellt euch vor, Freunde aus einem anderen Teil von Deutschland wollen euch besuchen. Was möchtet ihr ihnen von eurer Heimat zeigen?

Kompakt

Wie kann man mehr über Geschichte und Politik erfahren?

Man muss neugierig sein und dann nachschauen:
- in Büchern
- in Bildbänden
- in Zeitungen
- auf Landkarten
- in Filmen
- in Museen
- im Internet

Man kann aber auch Menschen befragen. – Wen?
- Zeitzeugen
- Fachleute/Experten

Deutsche Geschichte in den letzten 100 Jahren

1914	Beginn des Ersten Weltkriegs
1918	Deutschland verliert den Ersten Weltkrieg
1919	Gründung der Weimarer Republik
1933	Zerstörung der Weimarer Republik durch Hitlers Nationalsozialismus
1939	Beginn des Zweiten Weltkriegs
1945	Ende des Zweiten Weltkriegs Totale Niederlage Deutschlands
1949	Gründung von BRD und DDR
1961	Bau der Mauer
1989	Öffnung der Mauer
1990	Wiedervereinigung Deutschlands
2002	Einführung des Euro
2010	?

Fragen – nicht nur an die Geschichte

Wie kann ich mir helfen?

Was können wir schaffen?

Was ist gut? Was ist schlecht?

Was soll ein gerechter Staat tun?

Wohin führt der Fortschritt?

Wie schaffen wir Frieden?

Leben in der Demokratie

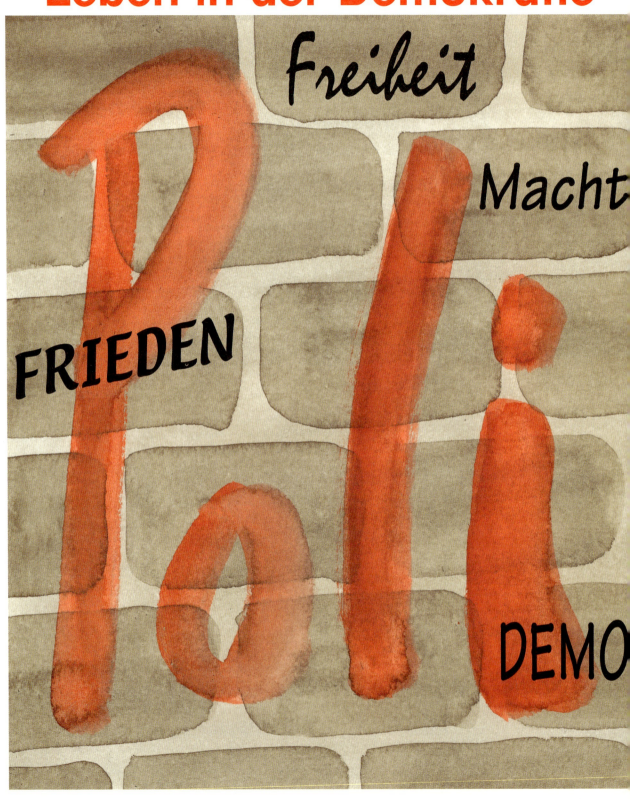

180 ●●● Politik: was geht mich das an?

Politik finde ich langweilig. Außerdem verstehe ich nichts davon!

Politiker reden doch nur und tun überhaupt nichts.

Politiker interessieren sich gar nicht für Jugendliche. Für uns tun sie nichts.

Mir ist alles egal!

Wir brauchen keine Politiker. Ohne Politiker wäre alles besser.

Was denkt ihr über die Meinungen der Jugendlichen?

Jugendliche haben ganz verschiedene Wünsche für ihr Leben. Welche Wünsche habt ihr persönlich? Schreibt sie auf kleine Zettel.

Unser Jugendzentrum soll wieder geöffnet werden!

Ich brauche eine Lehrstelle!

Unterstreicht die drei Punkte, die für euch am wichtigsten sind. Ordnet alle eure Zettel auf einem großen Tisch.

Bei welchen von euren Wünschen könnten euch Politiker helfen?

Wenn ich Bundeskanzler von Deutschland wäre.
Stellt euch vor, ihr wärt Bundeskanzler. Was möchtet ihr alles für euer Volk tun? Schreibt alles auf.

Liebe Bürger, ich verspreche euch ...

Und nun bewerbt euch für das Amt des Bundeskanzlers.
Tragt eure Pläne und Versprechen euren Mitschülern vor.

So?

Entscheiden und Handeln

Oder so?

Oder so?

1. Beschreibt die drei Bilder. Wo sind die Unterschiede?

2. Die beiden rechten Grafiken zeigen typische Probleme bei Konflikten. Habt ihr Tipps für den Esel?

Übrigens:
Über welche politischen Themen diskutieren eigentlich die Menschen in Deutschland? Erstellt aus Zeitungsschlagzeilen eine Collage.

Millionen Menschen müssen hungern! Armut steigt weltweit.

Schule muss besser werden! Aber wie?

Wieder mehr Verkehrsunfälle! Was kann man tun?

Pro und Kontra

Politiker sind dafür verantwortlich, dass es mir gut geht!

Diskutiert miteinander.

Wie würdet ihr entscheiden?
Eure Stadt hat 500 € zu viel. Ihr müsst entscheiden, wer das Geld bekommt.
Der Fußballplatz braucht dringend ein neues Tor. Im Jugendzentrum wird dringend eine neue Stereoanlage benötigt? Das Geld reicht nicht für beides.

Bildet kleine Gruppen und überlegt: Wie soll das Geld ausgegeben werden?
Vergleicht eure Lösungen.

182 ●●● Alle Menschen haben Rechte!

Artikel 3:
Alle Menschen sind vor dem Gesetz gleich. Männer und Frauen sind gleichberechtigt.

Artikel 1:
Die Würde des Menschen ist unantastbar.

Artikel 2:
Jeder Mensch hat das Recht auf die freie Entfaltung der Persönlichkeit, soweit er nicht die Rechte anderer verletzt.

Artikel 5:
Jeder hat das Recht, seine Meinung in Wort, Schrift und Bild frei zu äußern.

Die Menschenrechte in Deutschland sind im Grundgesetz in den Artikeln 1 bis 20 aufgeschrieben. Menschenrechte werden auch Grundrechte genannt. Niemand darf diese Grundrechte verletzen oder abschaffen. Sie gelten immer und überall für alle Menschen in Deutschland.

Artikel 4 (1):
Die Freiheit des Glaubens ... ist unverletzlich.
Artikel 6 (1):
Ehe und Familie stehen unter besonderem Schutz der staatlichen Ordnung.
Artikel 10 (1):
Das Briefgeheimnis sowie das Post- und Fernmeldegeheimnis sind unverletzlich.
Artikel 11 (1):
Alle Deutschen genießen Freizügigkeit im gesamten Bundesgebiet.
Artikel 12 (1):
Alle Deutschen haben das Recht, Beruf, Arbeitsplatz und Ausbildungsstätte frei zu wählen.
Artikel 13 (1):
Die Wohnung ist unverletzlich.

Diskutiert die folgenden Schlagzeilen! **Welche Rechte sind betroffen?**

Das Tragen von Schmuck wird verboten.

Wohnung ohne Durchsuchungsbefehl durchsucht.

Gemeinsames Gebet verboten.

Polizei hört heimlich Telefongespräche ab.

Frauen dürfen keinen Leistungssport machen.

Männer werden bei Beförderungen bevorzugt.

Strafgefangene von Wärtern misshandelt.

13-jähriges Mädchen entführt und zur Prostitution gezwungen.

Millionär bestach Richter: Freispruch!

Kritische Zeitung verboten.

Jugendlicher zum Tode verurteilt und hingerichtet.

7-jährige Kinder kämpfen mit Waffen im Bürgerkrieg.

Demonstranten von Polizisten erschossen.

1. Jeder darf seine Meinung sagen, aber niemand darf andere Menschen beschimpfen oder beleidigen. Ist das ein Widerspruch?

2. Welches Grundrecht ist euch persönlich besonders wichtig? Erstellt eine Collage mit Bildern, Fotos und Meinungen.

3. Sammelt weitere Fälle, in denen gegen Menschenrechte verstoßen wird.

184 ●●● Rechtsradikalismus in Deutschland

Alberto Adriano

184.1 Alberto Adriano

wurde in der Nacht zum 11. Juni 2000 gegen 1.45 Uhr am Dessauer Stadtpark von Enrico H., 24, und zwei 16-Jährigen angefallen. Sie grölten „Schwarze raus", traten zu und schlugen ihn. Er versuchte zu beschwichtigen. Wahllos prügelten sie weiter, beraubten ihn seiner Kleidung und plünderten ihn aus. Adriano, 39, dreifacher Familienvater, starb am 14. Juni im Krankenhaus. Der Generalbundesanwalt forderte Höchststrafen: lebenslang und zweimal zehn Jahre Jugendstrafe wegen Mordes.

Über die Gerichtsverhandlung

Bemüht, ein Gespräch mit den Angeklagten in Gang zu bringen, fragte der Vorsitzende den einen der Jugendlichen, was er sich denn gedacht habe bei der Tat. Erst schwieg der 16-Jährige. Dann brach es heraus, es explodierte regelrecht aus ihm: „Ich hasse Neger!"

Im Saal war es totenstill darauf. Prozessbeteiligten kam es vor, als sei dieser Satz für den schmächtigen Angeklagten wie eine Befreiung gewesen – endlich konnte er loswerden, was er immer schon mal sagen wollte.

Der Vorsitzende fragt ganz ruhig weiter: „Was ist eigentlich Hass?" Er erhält keine Antwort. Schweigen. Dass das Gericht keine Antwort bekam, war auch eine Antwort.

Rechtsextremistische Gewalttaten 1999
auf 100 000 Einwohner je Bundesland

- Hamburg 1,4
- Schleswig-Holstein 0,9
- Mecklenburg-Vorpommern 2,6
- Bremen 0,9
- Niedersachsen 1,0
- Berlin 3,0
- Brandenburg 2,4
- Nordrhein-Westfalen 0,5
- Sachsen-Anhalt 2,0
- Sachsen 0,9
- Thüringen 1,9
- Hessen 0,4
- Rheinland-Pfalz 0,6
- Saarland 0,2
- Baden-Württemberg 0,6
- Bayern 0,5

Quelle: Statistisches Bundesamt, Verfassungsschutzbericht 1999

184.2 Rechtsradikale Gewalttaten.

Rechtsradikalismus – kein Problem?

In Deutschland misshandeln rechtsradikale Gewalttäter Ausländer, Obdachlose und Behinderte mit Schlägen und Tritten. Aber auch mit Beleidigungen und Beschimpfungen werden die Rechte von Minderheiten und anders Denkenden missachtet.

Rechtsradikale begehen nicht nur Gewalttaten, sondern haben auch hasserfüllte Gedanken und Vorstellungen:

- Sie glauben, dass Deutsche anderen Menschen überlegen sind!
- Sie glauben, dass Deutschland keine Ausländer braucht.
- Sie verachten kranke und behinderte Menschen.
- Einige wünschen sich sogar den Nationalsozialismus zurück.

Unesco:
UN-Organisation für Erziehung, Wissenschaft und Kultur

Ethische Grundsätze:
z. B. gutes Handeln und Wollen für alle Menschen

Erklärung über Rasse und Rassenvorurteile

Die Erklärung über Rasse und Rassenvorurteile der Unesco vom 27. November 1978 stellt fest:

Artikel 1
(1) Alle Menschen gehören einer einzigen Art an und stammen von gemeinsamen Vorfahren. Sie sind gleich an Würde und Rechten geboren und bilden gemeinsam die Menschheit. (...)

Artikel 2 (vereinfacht)
- Keine Rasse oder Volksgruppe ist von Natur aus der anderen überlegen oder unterlegen.
- Keine Rasse oder Volksgruppe hat das Recht, andere zu beherrschen oder zu beseitigen.

Alle anderen Behauptungen haben keine wissenschaftliche Grundlage. Solche Behauptungen widersprechen den moralischen und ethischen Grundsätzen der Menschheit.

Warum werden Menschen rechtsradikal?

Dafür gibt es verschiedene Erklärungen. Einige Menschen mit schwachem Selbstbewusstsein fühlen sich stark, wenn sie glauben, dass deutsche Menschen mehr wert sind als andere. Besonders Jugendliche haben Angst, dass sie benachteiligt werden. Sie suchen Sündenböcke. Oft nehmen sie dafür die Schwachen einer Gesellschaft. Andere haben einfach Angst vor Menschen, deren Lebensart und Kultur sie nicht kennen und verstehen.

185.1

1. Gewalttaten und Ideen von Rechtsradikalen verstoßen gegen viele Grundrechte. Findet heraus, welche Grundrechte betroffen sind.

2. Diskutiert über diesen Satz: „Wenn Jugendliche bessere Chancen für ihre Zukunft sehen, dann suchen sie sich auch keine Sündenböcke."

3. Die Täter werden bestraft, aber die Opfer brauchen Unterstützung. Manchmal helfen schon kleine Gesten und Taten. Was könnt ihr für die Opfer von Gewalt und Beleidigungen tun?

186 ••• Demo ... was?

Absolute Mehrheit:
Man benötigt mehr als die Hälfte (50% +) aller Stimmen, um gewählt zu werden

Die Bundesrepublik Deutschland ist eine Demokratie. Ganz wichtig in einer Demokratie ist, dass die wahlberechtigten Menschen regelmäßig wählen können. Gewählt werden Abgeordnete, die auch Volksvertreter genannt werden. Bei einer Bundestagswahl dürfen alle deutschen Staatsangehörigen über 18 Jahre wählen.
Jeder Wähler hat zwei Stimmen:

- Mit der *ersten Stimme* wird ein Kandidat aus eurer Stadt oder eurem Kreis gewählt.

- Mit der *zweiten Stimme* wählt man die Partei, deren Programm man am besten findet.

Alle vier Jahre wählen die Bürger einen neuen Bundestag. 1998 wurden insgesamt 669 Männer und Frauen in den Bundestag gewählt.

Eine wichtige Aufgabe des Bundestages ist es, den Bundeskanzler zu wählen. Bei der Wahl muss er die absolute Mehrheit der Stimmen bekommen.

Oft kommt es vor, dass keine Partei alleine so viele Abgeordnete hat. So auch 1998. Deshalb mussten sie sich einen Partner suchen. 1998 suchte sich die SPD die Grünen als Partner.
Beide Parteien hatten insgesamt 345 Abgeordnete. Sie wählten Gerhard Schröder von der SPD zum Bundeskanzler.
Abgeordnete, die nicht in der Regierung sind, sind die Opposition. Sie kritisieren und kontrollieren die Arbeit der Regierungsparteien und machen Gegenvorschläge. Diese können aber durch die Mehrheit der Abgeordneten leicht abgelehnt werden.

187.1 Stimmzettel für die Bundestagswahl.

187.2 Wahlergebnisse 1998.

Wahlzeitung 1998

Berlin, im Dezember 1998

Bundestagswahl 1998
Wahlberechtigte: 60.710.333
Wahlbeteiligte: 49.946.094 (82,3%)

Ergebnis 1998
SPD, CDU/CSU, B 90/Grüne, FDP und PDS wurden in den neuen Bundestag gewählt. Sie alle bekamen mehr als 5% der Wählerstimmen.

Nichts ist selbstverständlich!
Frei, geheim und gleichberechtigt wählen darf man nur in demokratischen Ländern, nicht aber in Diktaturen.

Rückblick auf 1918
𝔇𝔞𝔰 𝔚𝔞𝔥𝔩𝔯𝔢𝔠𝔥𝔱 𝔴𝔲𝔯𝔡𝔢 𝔤𝔢ä𝔫𝔡𝔢𝔯𝔱. 𝔝𝔲𝔪 𝔢𝔯𝔰𝔱𝔢𝔫 𝔐𝔞𝔩 𝔡𝔲𝔯𝔣𝔱𝔢𝔫 𝔧𝔢𝔱𝔷𝔱 𝔉𝔯𝔞𝔲𝔢𝔫 𝔴ä𝔥𝔩𝔢𝔫.

Rückblick auf 1989
Die Regierung der DDR fälschte die Ergebnisse der Kommunalwahlen. Viele Menschen waren empört.

Abwählen erlaubt!
Demokratie heißt auch, dass man Politiker bei der nächsten Wahl abwählen darf.

 1. Wie viele Stimmen benötigte der Bundeskanzler 1998 mindestens für eine absolute Mehrheit?

 2. Sammelt Informationen über den Bundeskanzler und andere wichtige Politiker aus Regierung und Opposition. Welche Aufgaben haben sie?

 3. Herrschaft des Volkes? Warum ist Deutschland eine Demokratie?

In Deutschland wird die Macht geteilt

Der Bundespräsident
Der Bundespräsident ist das Staatsoberhaupt von Deutschland. Er wird alle fünf Jahre von der Bundesversammlung gewählt.

Die Bundesregierung
Der Bundeskanzler bestimmt die Richtlinien der Politik. Er ist der Chef der Regierung. Aber für die vielen Aufgaben braucht er gute Mitarbeiter. Deshalb sucht er sich Minister. Jeder Minister hat ein eigenes Ministerium mit eigenen Aufgaben. Es gibt zum Beispiel eine Gesundheitsministerin, einen Umweltminister und einen Finanzminister.

Der Bundestag
Der Bundestag wählt den Bundeskanzler. Der Bundestag hat aber noch andere sehr wichtige Aufgaben:
- Der Bundestag kontrolliert, ob die Bundesregierung gut arbeitet und ihre Macht nicht missbraucht.
- Im Bundestag diskutieren Politiker über die besten Lösungen für Probleme.
- Der Bundestag muss Gesetze vorbereiten und beschließen. An die Gesetze muss sich auch die Regierung halten.

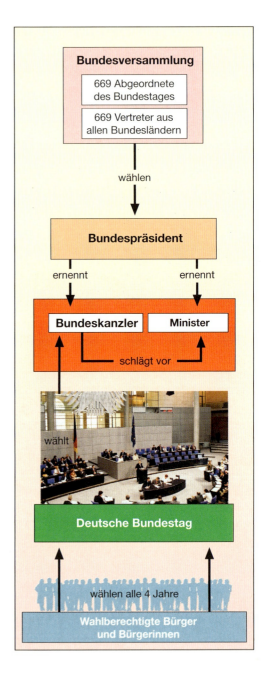

1. Schlagt nach: Wie hießen die bisherigen Bundespräsidenten der Bundesrepublik Deutschland.

2. Seht im Internet unter www.bundestag.de nach.

3. Der Bundestag ist wichtig für die deutsche Demokratie. Warum?

Die Bundesländer
Die Bundesrepublik besteht aus 16 Bundesländern. Jedes Bundesland hat eine Hauptstadt, ein gewähltes Parlament und eine eigene Regierung.

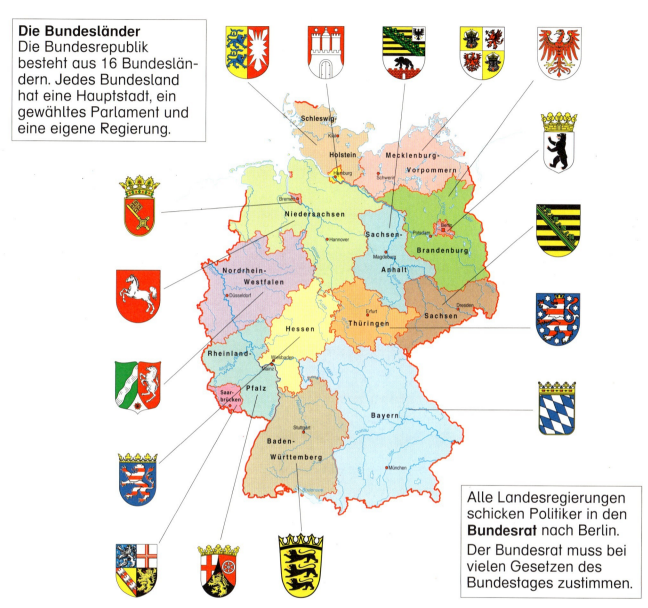

Alle Landesregierungen schicken Politiker in den **Bundesrat** nach Berlin. Der Bundesrat muss bei vielen Gesetzen des Bundestages zustimmen.

Die Bundesländer haben in Deutschland eine große Bedeutung. Viele politische Aufgaben erledigen sie in eigener Verantwortung.

In einer Demokratie ist es sehr wichtig, dass niemand zu viel Macht hat. Deshalb wird die Bundesregierung von vielen Seiten kontrolliert:	• Vom Bundestag • Von den Gerichten • Von den Bundesländern • Von den Wählern • Von den Medien

 1. Die Bundesregierung wird von vielen Seiten kontrolliert. Warum ist das so wichtig in einer Demokratie?

190 ••• Der Staat hat viele Aufgaben

Familie Müller wohnt mit ihren zwei Kindern in einer Vierzimmerwohnung im 2. Stock eines Mietshauses in Köln. Herr Müller arbeitet als Maler in einem kleinen Betrieb. Frau Müller arbeitet als Verkäuferin in einem Kaufhaus. Zusammen verdienen sie monatlich brutto 2500 Euro. Müllers können von ihrem Einkommen ganz gut leben. Einmal im Jahr leistet sich die Familie einen Campingurlaub in Holland.
Wie jede andere Familie erhalten Müllers zahlreiche Leistungen vom Staat.

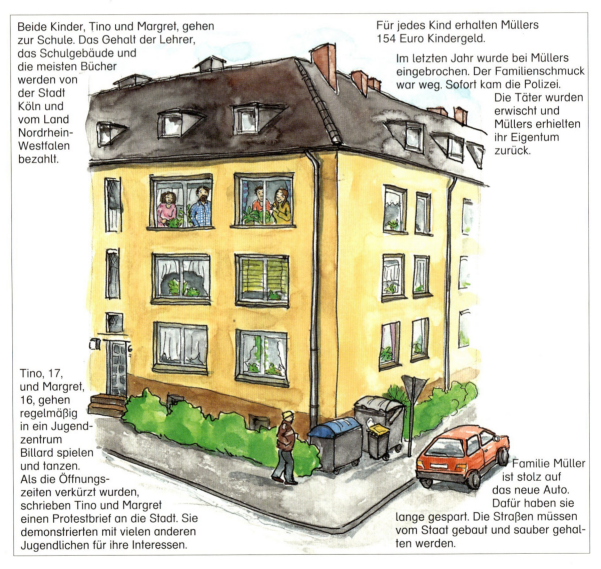

Beide Kinder, Tino und Margret, gehen zur Schule. Das Gehalt der Lehrer, das Schulgebäude und die meisten Bücher werden von der Stadt Köln und vom Land Nordrhein-Westfalen bezahlt.

Für jedes Kind erhalten Müllers 154 Euro Kindergeld.

Im letzten Jahr wurde bei Müllers eingebrochen. Der Familienschmuck war weg. Sofort kam die Polizei. Die Täter wurden erwischt und Müllers erhielten ihr Eigentum zurück.

Tino, 17, und Margret, 16, gehen regelmäßig in ein Jugendzentrum Billard spielen und tanzen. Als die Öffnungszeiten verkürzt wurden, schrieben Tino und Margret einen Protestbrief an die Stadt. Sie demonstrierten mit vielen anderen Jugendlichen für ihre Interessen.

Familie Müller ist stolz auf das neue Auto. Dafür haben sie lange gespart. Die Straßen müssen vom Staat gebaut und sauber gehalten werden.

 1. Was würde wohl geschehen, wenn Müllers und alle anderen Eltern das Geld für die Schule privat bezahlen müssten?

Alle stöhnen! Lohnsteuer, Mehrwertsteuer, Mineralölsteuer, Tabaksteuer und so weiter. Man muss ja so viele Steuern zahlen. Auch Müllers wird die Lohnsteuer jeden Monat direkt vom Gehalt abgezogen. Jeder Mann und jede Frau, die arbeitet und Geld verdient, muss zahlen: die Frau mit dem Kiosk, der türkische Händler, der Maurer, einfach alle.
Die Steuerzahler erwarten natürlich, dass ihre Steuern sinnvoll und gerecht verwendet werden. Wofür werden die Steuern ausgegeben?

191.1 Aufgaben des Staates.

Deutschland im Jahr 2030.
Nichts ist mehr wie es früher einmal war. Seit zehn Jahren hat niemand mehr Steuern bezahlt. Ist das nicht schön?
Gruppenarbeit: Eure Fantasie ist gefragt: Was ist anders im Jahr 2030?

192 ●●● ...wieder eine Anzeige!

Meine Tochter Vanessa war schon immer schwierig. Sie hat gemacht was sie wollte. Immer wieder ist sie von zu Hause abgehauen. Und jetzt das! Ich weiß nicht mehr weiter.

Vanessa, 17 Jahre, berichtet:

Mit 13 bin ich zum ersten Mal von zu Hause abgehauen. Immer hatte ich Stress mit meinen „Alten". Zwei Tage war ich weg. Da fing das Klauen an. Ich brauchte schließlich etwas zu essen. Zurück zu Hause wurde nichts besser. Also bin ich am Wochenende immer raus auf Partys und so.

Vanessa war eine mittelmäßige Schülerin, bis sie 13 war. Dann kam sie nur noch selten zur Schule. Sie hat sich immer leicht von ihren Freunden beeinflussen lassen.

Ich war geschockt, als mir das Mädchen meine Tasche entrissen hat. Ich hatte große Angst.

Mit 14 war ich jeden Samstag betrunken. Einmal habe ich mich mit einem Mädchen geprügelt. Ich erhielt meine erste Anzeige wegen Körperverletzung. Ich musste 10 Sozialstunden im Jugendzentrum machen. Getrunken habe ich weiter. Außerdem habe ich mir Klamotten geklaut.

Vanessa ist cool. Sie macht alles mit. Wir halten zusammen. Die Anzeige ist natürlich blöd für uns, aber warum muss die Oma auch so schreien.

Ich bin eine Nachbarin. Vanessa tut mir leid. Niemand kümmert sich um sie. Was soll aus dem Mädchen nur werden.

Mit 15 wurde ich drei Mal erwischt. Wieder Anzeige, dieses Mal 30 Sozialstunden. Ich war immer pleite. Mit Gianna habe ich kleinere Kinder erpresst, manchmal einer Oma die Handtasche geklaut. Keiner hat sich gewehrt. Die hatten wohl Angst. Lange hat das gut geklappt. Dann sind wir wieder erwischt worden. Jetzt läuft wieder eine Anzeige.

Wir Polizisten haben mit Vanessa schon öfter zu tun gehabt. Wegen Schlägereien und Diebstählen.

 1. Einige Personen äußern sich über Vanessa. Entscheidet euch für eine Person und zeigt in einem Rollenspiel, wie ein Gespräch mit Vanessa verlaufen könnte.

 2. Niemand weiß, wie es mit Vanessa weitergeht. Stellt Vermutungen an: Wie könnte ihr Leben in fünf Jahren aussehen.

 1. Jugendliche werden vor Gericht anders behandelt als Erwachsene. Kannst du dir vorstellen, warum?

 2. Die Jugendgerichtshilfe kennt sich gut mit straffälligen Jugendlichen aus. Was möchtet ihr wissen? Ladet sie ein und befragt sie.

 3. Gerichtsverhandlungen mit Jugendlichen über 16 Jahren sind öffentlich. Besucht mit eurer Klasse eine Gerichtsverhandlung.

Erziehen und strafen

Jede Straftat wird erst einmal von der Polizei aufgenommen. Nicht alle Straftaten werden vor Gericht verhandelt.

Bei „kleineren" Straftaten wird zuerst das Jugendamt oder die Jugendgerichtshilfe eingeschaltet.

Manchmal entscheidet der Jugendstaatsanwalt, dass eine Gerichtsverhandlung nicht notwendig ist. Dann wird das Verfahren eingestellt.
Bei schweren Fällen muss der Jugendliche vor ein Jugendgericht.

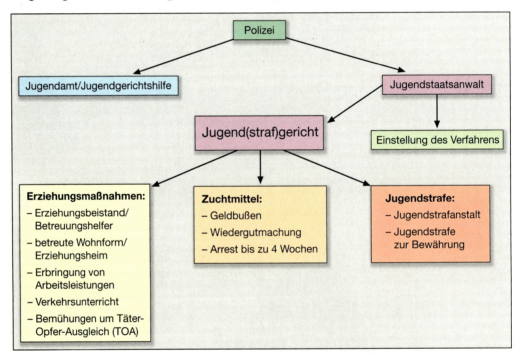

Sanktionen: sind Strafen oder Zwangsmaßnahmen

Das Kreisdiagramm zeigt, wie viele Jugendliche 1996 vor einem Gericht gestanden haben.
Ihr könnt genau ablesen, wie häufig die einzelnen Sanktionen vorgekommen sind.

1. Sanktionen für Jugendliche sollen erziehen. Kann das überhaupt funktionieren? Wie ist eure Meinung?

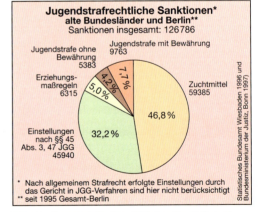

194.1 Jugendstrafrechtliche Sanktionen.

Thesen:
sind Behauptungen, die noch bewiesen werden müssen

Warum werden Menschen kriminell? Ganz genau weiß das niemand, aber viele Wissenschaftler machen sich Gedanken darüber.

Wissenschaftler stellen Thesen auf, die begründet werden müssen. Wie ist eure Meinung zu den folgenden Thesen?

Ich behaupte:
Jugendliche werden kriminell, weil sie schlechte Vorbilder nachahmen und nicht wissen, was verboten ist.

Ich behaupte:
Wer einmal kriminell war, bekommt keine Arbeit mehr und begeht deshalb weitere Straftaten.

Ich behaupte:
Menschen werden kriminell, wenn sie nicht gut erzogen wurden oder frustriert sind.

Ich behaupte:
Arme Menschen wollen auch am Wohlstand teilnehmen. Deshalb werden sie kriminell.

Diskutieren und entscheiden	unentschieden	ja	nein
Man sollte jugendliche Straftäter viel härter bestrafen, um sie vor weiteren Straftaten abzuschrecken.			
Man sollte Jugendliche nicht so hart bestrafen, denn Jugendliche machen manchmal Fehler.			
Man sollte mehr dafür tun, dass Jugendliche gar nicht erst kriminell werden.			
Strafen bringen überhaupt nichts.			

1. Was bedeutet überhaupt „kriminell" für euch? Erklärt den Begriff in Partnerarbeit und tauscht eure Ergebnisse aus.

2. Welche der vier Thesen treffen eurer Meinung nach besonders zu? Begründet eure Meinung schriftlich.

3. Ihr seid nun Experten zum Thema Kriminalität. Also: Macht eine Talk-Show zum Thema „Strafen für Jugendliche". Ihr benötigt einen Sendungstitel, einen Moderator und Gäste. Seid fair zueinander.

196 ●●● Projektseite: Im Paradies?

Das war ein toller Gewinn im Preisausschreiben. Ein Flug für eure Klasse einmal ganz um die Welt. Und jetzt? Vor einer Stunde seid ihr von Tahiti gestartet. Dann musste euer Flugzeug notlanden. Mitten in der Südsee. Auf dieser kleinen einsamen Insel. Und jetzt seid ihr hier ganz alleine. Der Pilot muss über dem Meer abgesprungen sein. Kein Erwachsener ist bei euch. Ihr müsst für euch alleine sorgen.
Aber ihr habt Glück im Unglück. Keiner ist verletzt. Und an Bord des Flugzeuges findet ihr Bücher über Tiere und Pflanzen der Südsee, Landkarten und ein Taschenmesser.

1. Tag: Abgestürzt! Der Schock war groß. Ihr habt große Angst. Aber ihr müsst etwas tun. Zuerst erkundet ihr die Insel. Es gibt einen kleinen Bach und Bäume mit Früchten, die ihr nicht kennt. Größere Tiere habt ihr nicht gesehen, aber im Meer schwimmen Haie.

1. Tag, abends: Ihr müsst gut überlegen, was alles zu tun ist. Also: Sucht euch einen guten Platz und haltet einen Krisenrat. Wie wollt ihr die notwendigen Arbeiten untereinander aufteilen? Nach welchen Regeln wollt ihr entscheiden, wenn ihr unterschiedliche Meinungen habt?

2. Tag: Ihr wollt wissen, wo die Insel ist. Ungefähr 300 km südlich von Tahiti. Sucht das Gebiet auf einer Landkarte.

4. Tag: Ein Mädchen vermisst eine goldene Kette. Ein wertvolles Erbstück. Durch Zufall findet ihr heraus, wer die Kette genommen hat. Wie reagiert ihr?

... Tag: Denkt euch ein Ende für euer Abenteuer aus.

12. Tag: Ein Polynesier landet mit seinem Boot auf eurer Insel. Ihr versteht seine Sprache nicht, denn ihr seid hier fremd. Was tut ihr?

10. Tag: Einer von euch will alles alleine bestimmen. Er ist sehr brutal. Er hat das Messer an sich genommen. Außerdem helfen ihm ein Junge und ein Mädchen. Die anderen haben Angst. Wie handelt ihr?

5. Tag: Irgendwie seid ihr misstrauisch geworden. Stellt Gesetze auf, die auf eurer Insel für alle gelten sollen. Was soll geschehen, wenn sich jemand nicht an die Regeln hält?

8. Tag: Ihr findet ein kleines Ruderboot in einer Höhle am Strand. Zwei von euch finden darin Platz. Was macht ihr?

6. Tag: Euer Brennholz ist aufgebraucht und es gibt nichts zu essen. Einige von euch haben ihre Arbeiten nicht erledigt. Haltet einen Krisenrat ab.

Deutschland und seine Nachbarn

Der Kontinent Europa besteht heute aus über 40 Staaten.

Deutschland ist von vielen anderen Staaten umgeben und ist dadurch ein wichtiges Durchgangsland. Wer beispielsweise aus Schweden zum Baden ans Mittelmeer fahren möchte, muss quer durch Deutschland reisen. Waren und Güter, die von Polen nach Frankreich gebracht werden sollen, müssen ebenfalls durch Deutschland transportiert werden. Aus diesen Gründen verlaufen durch Deutschland viele Autobahnen und Zugverbindungen.

Kein anderer europäischer Staat hat so viele direkte Nachbarn wie Deutschland.

D	Deutschland
DK	Dänemark
NL	Niederlande
B	Belgien
LUX	Luxemburg
F	Frankreich
CH	Schweiz
A	Österreich
CZ	Tschechien
PL	Polen

200.1 Internationale Länderkennzeichen.

1. Zeichnet mithilfe eines Overheadprojektors eine große Europakarte. Findet ihr besonders große bzw. besonders kleine Länder? Schraffiere Deutschland und seine Nachbarländer in unterschiedlichen Farben.

2. Beschreibe den Weg, den ein LKW fahren muss, um Waren aus Dänemark nach Portugal zu transportieren.

3. Lege eine Tabelle an. Welche europäischen Staaten liegen im Norden, Westen, Süden oder Osten von Deutschland?

Im Norden	Im Westen	Im Süden	Im Osten
Schweden	*Frankreich*	*Italien*	*Polen*
...	...	...	...

4. Lege eine weitere Tabelle an. Nimm statt Deutschland ein anderes Land, z. B. die Türkei. Was fällt dir auf?

Europa

1. Betrachte die Europakarte:
- Wodurch wird Europa im Norden, im Westen, im Süden und im Osten begrenzt?
- Welche Staaten haben Zugang zu einem Meer?
- Welche Staaten liegen in Europa und Asien?
- Welche Staaten liegen auf Inseln oder Halbinseln?
- Welche Staaten haben eine interessante Form?

Brüssel

In 15 Sprachen von eins bis drei zählen:			
Deutsch	eins	zwei	drei
Spanisch	uno	dos	tres
Finnisch	yksi	kaksi	kolme
Italienisch	uno	due	tre
Tschechisch	jeden	dva	tri
Norwegisch	en	to	tre
Russisch	odin	dwa	tri
Portugiesisch	um	dois	tres
Holländisch	een	twee	drie
Türkisch	bir	iki	üc
Französisch	un	deux	trois
Rumänisch	un	doi	trei
Englisch	one	two	three
Polnisch	jeden	dwa	trzy
Ungarisch	egy	kettö	harom

In welchen Sprachen gibt es Ähnlichkeiten?

London

Kopenhagen

Athen

Paris

Zu welchen Staaten gehören die Sehenswürdigkeiten?

Europa-Reise (4 – 5 Spieler)

Kopiert eine Europa-Karte auf DIN-A3 als Spielfeld. (Du kannst auch die Karte auf Seite 198/199 benutzen). Schreibt die Namen der europäischen Staaten auf Karteikarten. Außerdem benötigt ihr noch für jeden Spieler eine Spielfigur und einen Würfel. Jeder Spieler zieht 5 Karten – dann geht es los!

Ziel des Spiels ist es, so schnell wie möglich alle Staaten zu besuchen, die man gezogen hat. Start ist für alle Spieler in Island. Je nach gewürfelter Augenzahl könnt ihr nun von Staat zu Staat reisen. Wenn ihr ein Meer überqueren wollt, müsst ihr eine Sechs würfeln. Übrigens – wer die Hauptstadt seines Ziellandes nennen kann, darf noch einmal würfeln!

202 ●●● Gemeinsam geht es besser – die europäische Einigung

Auf vielen Autokennzeichen siehst du ein blaues Feld mit 12 goldenen Sternen. Die Sterne bilden einen Kreis. Das ist die Flagge der EU, der Europäischen Union.

Die EU ist ein Zusammenschluss von mehreren europäischen Staaten. Im Jahre 2004 gehörten ihr 25 Mitgliedsstaaten an, in denen 16 verschiedene Sprachen gesprochen werden.

Großbritannien, Niederlande, Belgien, Irland, Deutschland, Dänemark, Italien, Spanien, Finnland, Schweden, Frankreich, Portugal, Griechenland, Österreich, Luxemburg.

202.1 Die EU-Mitgliedsstaaten im Jahre 2000.

Herr Schmidt ist 65 Jahre alt und hat noch ein ganz anderes Europa kennen gelernt. Er erzählt:

„Früher stand jeder einzelne Staat für sich. Im Ersten und Zweiten Weltkrieg kämpften sogar viele Staaten gegeneinander. Viele Jahre nach Ende des Zweiten Weltkrieges waren die Staaten noch durch die Grenzen voneinander getrennt.
Um z. B. in ein Nachbarland zu reisen, musste eine Grenzstation passiert werden. Der Personalausweis oder Reisepass wurde kontrolliert. Man durfte nur eine bestimmte Menge an Waren ein- bzw. ausführen. Jeder Staat hatte sein eigenes Geld in seiner Landeswährung. Wenn man etwas in einem fremden Land kaufen wollte, musste man vorher sein Geld in die fremde Währung umtauschen. In einem anderen Land durfte man nur mit einer speziellen Arbeitserlaubnis arbeiten."

202.2 Grenzübergang früher.

202.3 Grenzübergang heute.

Ein Ziel der EU ist es, die Freundschaft unter den Menschen aus den verschiedenen Ländern zu fördern. Die Grenzkontrollen wurden vereinfacht. Außerdem besteht die Möglichkeit in anderen EU-Staaten zu arbeiten. Gemeinsam können die europäischen Staaten mit den großen Wirtschaftsmächten USA und Japan konkurrieren.

In den nächsten Jahren werden noch weitere Staaten der EU beitreten. Dieses sind insbesondere Länder, die im Osten Europas liegen.

Seit dem 1. 1. 1999 gibt es den „Euro", die gemeinsame Währung. Ab 1. 1. 2002 kann nur noch mit „Euro" bezahlt werden. Von Beginn an nehmen 11 Staaten der EU an der Währungsunion teil: Belgien, Deutschland, Spanien, Frankreich, Irland, Italien, Luxemburg, Niederlande, Österreich, Portugal und Finnland.
Weitere Länder wollen folgen.

203.1 Europäischer Reisepass.

203.2 Europäische Währungen.

203.3 Euro.

1. Erkundige dich: Welche Staaten gehören mittlerweile der EU an? In welchen Staaten wird mit dem Euro bezahlt?

2. Nenne Vorteile der gemeinsamen Währung (Lies nochmals S. 202).

3. Kennzeichne die EU-Mitgliedsstaaten auf eurer Europakarte in der Klasse durch eine blaue Flagge.

4. Frage ältere Personen, wie sich die Situation an den Grenzen der EU-Staaten verändert hat.

Europa verändert sich

204.1 Europa 1989 (ohne Nordeuropa).

204.2 Europa 2000 (ohne Nordeuropa)..

1. Betrachtet auf beiden Karten besonders Osteuropa. Tragt in eine Tabelle ein, was sich verändert hat:

frühere UdSSR	früheres Jugoslawien	frühere Tschechoslowakei
Ukraine	Bosnien	Slowakei
...	...	...

Herr Ulmaris aus Lettland berichtet:

„Nach dem Zweiten Weltkrieg gehörte Lettland zur UdSSR. Die Regierung saß in Moskau, weit von uns entfernt. Sie verwaltete ein riesiges Gebiet. Die Probleme und Anliegen in Lettland gerieten dadurch in den Hintergrund. Der Staat schrieb uns viele Dinge des Alltagslebens vor. Wir mussten Russisch sprechen und nur die staatliche Jugendorganisation durfte öffentliche Freizeitangebote für Jugendliche machen. Der Staat garantierte auch feste Preise, aber das Angebot der Waren war sehr dürftig. Wir konnten unsere Regierung nicht frei wählen, das politische Leben wurde streng kontrolliert. Die meisten Menschen waren unzufrieden. 1989 wurde Michail Gorbatschow Generalsekretär der UdSSR. Er wollte die Missstände beseitigen und freie Wahlen zulassen.

Lettland gehörte mit den anderen **baltischen Staaten** Estland und Litauen zu den ersten Staaten, die selbstständig wurden. Nach freien Wahlen und einigen blutigen Kämpfen der Militärs erklärte sich Lettland am 21. August 1991 zu einem unabhängigen Staat.

Seitdem hat sich einiges verändert: Wir sprechen wieder hauptsächlich Lettisch, nicht mehr Russisch. Die Jugendlichen verbringen ihre Freizeit ähnlich wie in Westeuropa. Sie gehen ins Kino, in Diskos …. In unserer Hauptstadt Riga gibt es sogar McDonald's. Doch es gibt auch viel Armut und Arbeitslosigkeit.

Lettland möchte gerne der EU beitreten. Im Jahre 2000 begannen die Beitrittsverhandlungen."

Länderinfo Lettland:

Größe: 64 590 km²
Hauptstadt: Riga
Einwohner: 2,5 Mio
Sprache: Lettisch
Währung: 1 Lats
1 Euro = 0,56 Lats

205.1 Hauptstadt Riga, vom Fluss Dangabe aus.

1. Suche Lettland auf der Europakarte. Beschreibe seine Grenzen.

2. Suche in Zeitungen etc. weitere Informationen aus Ländern der ehemaligen UdSSR. Stell sie zu einer Wandzeitung zusammen.

206 ● ● ● Karten lesen – Der Maßstab

Hier siehst du eine Spinne in ihrem Netz. Auf dem Bild ist sie genau so groß wie in der Natur.
Das bedeutet: 1 cm auf dem Bild entspricht genau 1 cm in der Natur. Man sagt dann, das Bild hat den Maßstab 1 : 1.

Auf dem 2. Bild ist die Spinne verkleinert abgebildet. Deshalb siehst du mehr von ihrem Netz.
Es ist alles 10-mal kleiner als in der Natur. Das Bild hat also den Maßstab 1 : 10. Das bedeutet:
1 cm auf dem Bild entspricht 10 cm in der Natur.

Landkarten bilden die Erdoberfläche verkleinert ab. So ist es möglich, eine Stadt, ein Land oder sogar einen Kontinent von oben darzustellen. Der Maßstab ist das Maß für die Verkleinerung, d. h. er gibt an, wie stark die Karte die Wirklichkeit verkleinert abbildet.

Auf vielen Karten findest du auch eine Maßstabsleiste. Mit ihrer Hilfe kannst du eine mit einem Lineal gemessene Entfernung auf der Karte direkt ablesen.

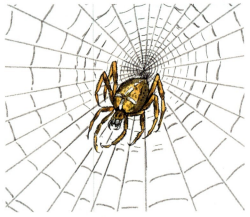

206.1 Spinne im Netz 1 : 1.

206.2 Spinne im Netz 1 : 10.

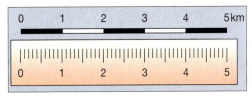

206.3 Maßstabsleiste/Lineal.

 1. Vergleiche die Bilder: Was erkennst du auf Bild 1, was auf Bild 2? Wodurch unterscheiden sie sich?
Welche Vorteile, welche Nachteile haben die beiden Bilder?

 2. Berechne: Bei einem Maßstab von 1 : 100 000 (1 : 500 000; 1 : 5 000 000) entspricht 1 cm auf der Karte wie viel cm (m, km) in der Wirklichkeit?

 3. Zeichne dein Klassenzimmer im Maßstab 1 : 100.

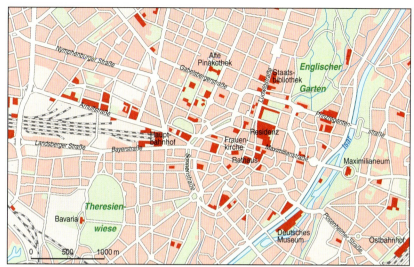
207.1 Innenstadt von München. Maßstab 1 : 50 000

207.2 München und Umgebung. Maßstab 1 : 500 000

1. Vergleiche die beiden Karten. Suche Einzelheiten, die auf der unteren Karte nicht mehr vorhanden sind.

2. Miss folgende Strecken: Stelle die Entfernung mithilfe der Maßstabsleiste fest.
   Vom Maximilianeum zum Hauptbahnhof ....
   Von Starnberg nach München ....

3. Überlege: Wann würdest du die obere Karte benutzen, wann die untere?

208 ● ● ● Leben an der Nordseeküste – Sven aus Norddeutschland

Sven, Liv, Urs und Nicole sind Jugendliche aus Europa, die in ganz unterschiedlichen Landschaften leben. Hier erzählen sie über die verschiedenen Gegenden:

Sven:

„Ich lebe auf der Hallig Oland in Schleswig-Holstein. Hier seht ihr die Hallig."

208.1 Die Hallig Oland.

208.2 Sturmflut 3. Januar 1976, Hallig Oland.

1. Betrachte das Foto der Hallig. Wie stellst du dir das Leben dort vor?

Warft:
Aufgeschüttete Erdhügel

„Die Hallig Oland liegt mitten im Wattenmeer. Bei uns leben nur etwa 30 Einwohner auf einer Warft. Die Häuser sind auf der Warft gebaut, damit sie höher liegen. Das ist notwendig, damit sie bei einer Sturmflut nicht unter Wasser stehen.

Sturmfluten sind eine große Gefahr. Sie drohen immer dann, wenn eine besonders hohe Flut und schwerer Sturm Richtung Küste zusammenkommen. Das Wasser kann dann bei Ebbe nicht wieder ablaufen, weil es vom Sturm gestaut wird. Mit der nächsten Flut wird immer mehr Wasser Richtung Land gedrückt und der Wasserstand steigt stark.

Heute versucht man sich durch starke Deiche vor größeren Schäden zu schützen.

Lore:
Offener Wagen

Unsere Hallig ist durch einen Damm mit dem Festland verbunden. Der Damm kann mit einer Lore befahren werden.

Früher wohnten nur Seefahrer und Fischer hier. Heute leben viele Bewohner vom Tourismus.
Auf der Hallig haben wir unsere eigene Schule. Wenn ich mit der Schule fertig bin, werde ich wohl in eine größere Stadt ziehen und mir dort eine Arbeit suchen. Aber ich werde oft nach Hause fahren, denn ich liebe unsere Hallig."

1164 Julianenflut: Der Jadebusen entstand, etwa 20 000 Menschen ertranken.

1363 Marcellusflut oder 1. Grote Mandrenke: Dollarteinbruch, 30 Dörfer gingen unter, Erweiterung des Jadebusens; etwa 100 000 Tote.

1373 und 1377 Dionysisflut: Viele Deichbrüche, größte Ausdehnung der Leybucht, Nordseewasser reichte bis zur Stadt Norden.

1634 Burchardiflut oder 2. Grote Mandrenke: 9 000 Menschen und 50 000 Stück Vieh kamen an der schleswig-holsteinischen Küste um, große Landverluste.

1717 Weihnachtsflut: Etwa 12 000 Menschen ertranken, 5 000 Häuser wurden weggerissen.

1825 Februarflut: Viele Deichbrüche, Hamburg war stark betroffen, in Ostfriesland ertranken 789 Menschen und 45 000 Stück Vieh.

1962 Februarflut: 329 Menschen ertranken, entlang der Elbe wurden vorübergehend 20 000 Menschen umgesiedelt, in Hamburg wurden 34 000 obdachlos, 4 500 Stück Vieh kamen um.

1976 Januarflut: Höchste Flut in der Geschichte an der deutschen Nordseeküste, keine Menschenverluste, keine Landverluste.

209.1 Große Sturmfluten an der deutschen Nordseeküste.

209.2 Warft auf der Hallig Oland.

1. Vergleiche die Schäden der verschiedenen Sturmfluten. Überlege, warum bei der Januarflut 1976 keine Menschen umgekommen sind.

210 ●●● Leben im Hochgebirge – Urs aus der Schweiz

210.1 Zermatt, im Hintergrund das Matterhorn.

210.2 Bergpanorama (Umgebung von Zermatt).

210.3 Auf dem Weg zur Skipiste.

210.4 Skipiste im Sommer.

Urs erzählt:

„Ich lebe in Zermatt, einem berühmten Urlaubsort in der Schweiz. Zermatt liegt in den Alpen, dem höchsten Gebirge in Europa. Der Ort ist von vielen Bergen umgeben, die höher als 4 000 m sind.

Früher war Zermatt nur ein kleines Dorf, in dem Bauern lebten. Im Sommer zogen sie mit ihrem Vieh hoch auf die Almen, im Winter blieben sie im Dorf.

Heute kommen im Sommer Bergsteiger und Wanderer, im Winter Skifahrer in unseren Ort. Die meisten Dorfbewohner leben vom Tourismus.
Ich arbeite jetzt schon mit im Hotel meiner Eltern und werde nach der Schule auch weiter dort arbeiten. So lerne ich viele Menschen aus verschiedenen Ländern kennen.

Wir einheimischen Jugendlichen im Ort kennen uns fast alle. Wir treffen uns zum Sport oder im Café. Ich möchte Zermatt nie verlassen."

Alm: Bergwiese

Die Alpen in Zahlen
Alter: ca. 20 Mio Jahre
Größe: 1 200 km lang
150 – 200 km breit
höchster Berg: Mont Blanc 4 807 m (Frankreich/Italien)
höchster Berg in Deutschland: Zugspitze 2 963 m

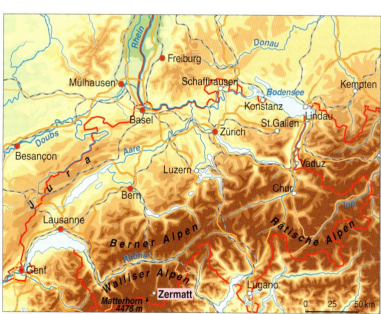

211.1 Karte der Schweiz.

1. Suche die Alpen im Atlas. Zu welchen Ländern gehören die Alpen?

2. Suche den Mont Blanc und die Zugspitze im Atlas.

3. Überlege, welche Folgen die Zunahme des Tourismus für die Menschen und für die in der Natur lebenden Tiere hat.

212 ●●● Leben in Skandinavien – Liv aus Norwegen

Skandinavien:
Schweden
Norwegen
Finnland
Dänemark

Fjord:
Täler, die von Gletschern geformt wurden

212.1 Fjord in Norwegen.

212.2 Hochseefangschiff auf dem Meer.

212.3 Fischfang mit dem Schleppnetz.

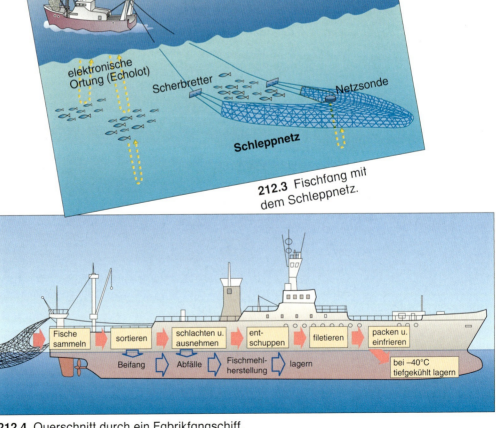

212.4 Querschnitt durch ein Fabrikfangschiff.

Liv erzählt:

„Ich lebe in Stavanger. Mein Vater ist Hochseefischer. Er arbeitet auf einem großen Schiff und ist oft monatelang nicht zu Hause. Bei einem Besuch auf dem Schiff habe ich erfahren, wie auf hoher See Fische gefangen werden."

Echolot: Gerät zur elektronischen Ortung

„Die Fische werden mit modernen Echoloten aufgespürt. Dann wird mit dem Schleppnetz gejagt. Die so genannten Scherbretter sorgen dafür, dass das Netz ständig geöffnet bleibt. Der Kapitän kontrolliert, dass der Abstand des Netzes zum Grund immer gleich bleibt.

Nach mehreren Stunden Schleppfahrt wird das Netz mit Motorwinden an Bord geholt. Manchmal sind es mehr als 15 Tonnen pro Fang.

Die Fische werden dann auf dem Schiff sofort fabrikmäßig verarbeitet. Sie werden in Eis verpackt oder als Filets gefroren.

Die Abfälle werden zu Fischmehl, Fischöl oder Lebertran verarbeitet. Ich helfe meiner Mutter manchmal auf dem Markt Fische zu verkaufen. Das macht Spaß, aber mich stört der Geruch. Wenn ich schon mit Fischen arbeite, dann wäre ich lieber mit meinem Vater auf dem Meer!"

213.1 Öl-Bohrinsel in der Nordsee

Erdölvorkommen in der Nordsee führte zu neuem Reichtum. Großbritannien und Norwegen sind die bedeutendsten Erdölförderländer Europas.

1. Suche den Ort Stavanger im Atlas. Findest du auch Norwegens Hauptstadt? Suche sie sowie andere größere Städte im Atlas.

2. Frage im Supermarkt nach Fischarten und deren Herkunft.

3. Sammle Material über Norwegen (Bücherei, Internet usw.)

4. Erdöl aus Norwegen? Erkundigt euch, aus welchen anderen Ländern Erdöl kommt (Atlas).

214 ••• Leben in der Großstadt – Nicole aus Paris

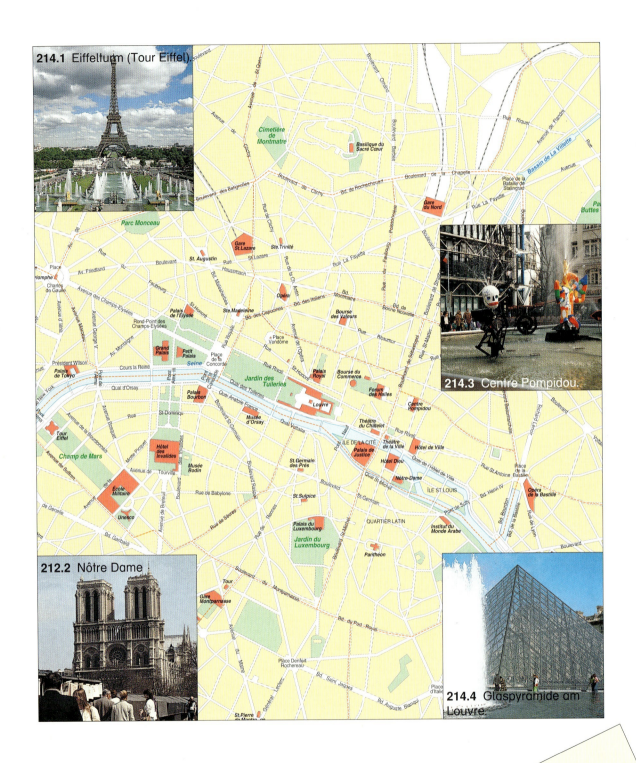

214.1 Eiffelturm (Tour Eiffel).

214.3 Centre Pompidou.

212.2 Nôtre Dame.

214.4 Glaspyramide am Louvre.

1. Suche auf dem Stadtplan die abgebildeten Orte.

2. Schlage im Lexikon unter „Eiffelturm" nach.

Paris im Internet, z. B. „Online-Reiseführer Paris!" http://www.uwefreund.com/paris/

Nicole erzählt:

„Ich wohne in Paris, der Hauptstadt Frankreichs. Paris ist auch die größte Stadt in Frankreich. Hier leben 11 Millionen Menschen aus verschiedenen Ländern.

In Paris kann man als Jugendliche sehr viel unternehmen. Es gibt viele Kinos, Cafés, Diskos, in denen man immer neue Leute kennen lernen kann. Gerne gehe ich auch in den großen Kaufhäusern bummeln oder in eines der berühmten Museen, z. B. den Louvre.

Paris ist berühmt für seine Sehenswürdigkeiten, z. B. den Eiffelturm, den Arc de Triomphe oder die Kirche Nôtre Dame. Viele Touristen kommen deshalb in unsere Stadt. Die Straßen und U-Bahnen (hier heißen sie Metro) sind in Paris leider sehr voll. Das nervt mich ziemlich.

Trotzdem werde ich nach der Schule in Paris bleiben und mir hier eine Arbeit suchen. Es gibt zwar in Paris viele arbeitslose Jugendliche, doch in anderen Gegenden sind die Chancen noch schlechter, weil die meisten Firmen und Fabriken in Paris und Umgebung sind."

Die Metro ist das wichtigste Verkehrsmittel in Paris. Täglich fahren damit 4 Millionen Menschen. In das Umland der Stadt fahren zahlreiche Schnellbahnen. Trotzdem erstickt Paris immer mehr im Autoverkehr. Jeden Tag fahren über 1 Million Autos in die Stadt hinein und wieder hinaus. Keine andere europäische Stadt hat so viele Bahnhöfe wie Paris. Außerdem gibt es drei große Flughäfen.

215.1 Metrostation in Paris.

In Paris gibt es 1 500 Hotels, 12 000 Bars und Bistros, 670 Kinos, 100 Museen und ebenso viele Theater, 86 Bibliotheken, 5 200 Boulevards, Straßen und Gassen, 341 U-Bahn-Stationen, 15 000 Taxis, 200 000 Studenten an 13 Universitäten und jährlich 3 Millionen Besucher auf dem Eiffelturm.

215.2 Paris in Zahlen.

1. Vergleiche die Lebensbedingungen von Sven, Liv, Urs und Nicole. Nenne Vor- und Nachteile der Wohngebiete. Wo möchtest du gerne leben?

216 ●●● Traumurlaub?

216.1 Einsamer Strand.

216.2 Überfüllter Strand, Bettenburgen.

216.3 Jugendgruppe mit Fahrrädern.

216.4 Dichter Verkehr auf der Autobahn.

 1. Betrachte die Fotos: Schreibe auf, wie dein Traumurlaub aussieht.

2. Sammle Informationen über Jugendreisen (Internet, Kirchengemeinden ...).

 3. Überlege, wie die negativen Folgen des Tourismus eingeschränkt werden können.

Kompakt: Das Europa-Quiz ••• 217

Wie gut kennst du dich in Europa aus?

Beantworte die Fragen. Jeweils eine Antwort ist richtig. Schreibe die Lösungsbuchstaben auf ein Blatt und sortiere sie. Wenn du sie in die richtige Reihenfolge bringst, weißt du das Lösungswort!

Welches Land hat nur einen direkten Nachbarn?
Portugal (K) – Österreich (O) – Polen (D)

Welches Land liegt auf einer Insel?
Zypern (N) – Italien (L) – Albanien (R)

Welches Land liegt auf zwei Kontinenten?
Russland (N) – Kroatien (S) – Lettland (P)

Welches Land hat eine rote Flagge mit einem weißen Halbmond und einem weißen Stern?
Niederlande (P) – Türkei (O) – Ungarn (D)

Welches Land gehörte früher zur UdSSR?
Bulgarien (P) – Makedonien (O) – Litauen (N)

Welches Land gehört zur EU?
Spanien (T) – Rumänien (B) – Ukraine (Z)

Welches Land hat keinen Zugang zum Meer?
Belgien (G) – Dänemark (O) – Österreich (T)

Welches Land grenzt an Deutschland?
Spanien (J) – Schweiz (I) – Schweden (G)

Welches Land hat die Form eines Stiefels?
Großbritannien (A) – Italien (E) – San Marino (U)

Orientieren auf der Erde

219.1 Unser Sonnensystem.

Der *Kosmonaut* Juri Gagarin umkreiste als erster Mensch am 12. April 1961 die Erde.

Er schilderte seine Eindrücke so:

„Die von der Sonne beschienene Seite der Erde war sehr klar sichtbar. Die Küsten der Kontinente, Inseln, sehr große Ströme, breite Wasserflächen und Gebirgszüge ließen sich leicht unterscheiden. Ich sah zum ersten Mal die Kugelgestalt der Erde ..."

219.2 Die Milchstraße.

220 ● ● ● Der Planet Erde

Astronom:
Himmelsforscher

Bis vor ungefähr 500 Jahren glaubten die Menschen: „Die Erde ist der Mittelpunkt des Weltalls!" Doch dann fand der *Astronom* Nikolaus Kopernikus durch Beobachtungen und Berechnungen der Sternenbahnen heraus:

Fixstern:
selbstleuchtender, fest stehender Stern

Die Sonne ist ein *Fixstern.*
Die Erde ist ein *Planet.*
Sie bewegt sich mit anderen Planeten in festgelegten Bahnen um die Sonne.

Durch weitere Beobachtungen weiß man heute:

Planet:
nicht selbstleuchtender, sich um eine Sonne bewegender Stern

Die Sonne und neun *Planeten* bilden unser Sonnensystem.
Monde umkreisen die meisten Planeten. Die Erde hat einen Mond.

Es gibt unzählbar viele Sternensysteme im Weltall. Unser Sonnensystem gehört zu einem Sternenband, das Milchstraße genannt wird. Wissenschaftler glauben, dass die Milchstraße etwa 100 Milliarden Sterne besitzt, die mit unserer Sonne zu vergleichen sind.
Wenn du nachts in den Sternenhimmel schaust, kannst du über die vielen, weit entfernten Sterne nur staunen.

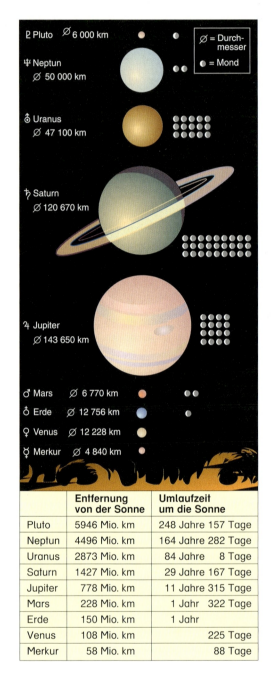

	Entfernung von der Sonne	Umlaufzeit um die Sonne
Pluto	5946 Mio. km	248 Jahre 157 Tage
Neptun	4496 Mio. km	164 Jahre 282 Tage
Uranus	2873 Mio. km	84 Jahre 8 Tage
Saturn	1427 Mio. km	29 Jahre 167 Tage
Jupiter	778 Mio. km	11 Jahre 315 Tage
Mars	228 Mio. km	1 Jahr 322 Tage
Erde	150 Mio. km	1 Jahr
Venus	108 Mio. km	225 Tage
Merkur	58 Mio. km	88 Tage

1. Vergleiche die Planeten unseres Sonnensystems miteinander: Größe, Anzahl der Monde, Entfernung von der Sonne, Umlaufzeit.
Was fällt dir noch auf?

Martin und Marcel freuen sich schon auf die neue Formel 1 Saison. Im Fernsehprogramm finden sie diesen Programmhinweis:

> 4.00 *Sport-Extra*
> **Formel 1:** Großer Preis von Australien
> Live-Übertragung aus Melbourne

MEZ: mitteleuropäische Zeit

„Das muss ein Druckfehler sein! Die fahren doch nicht im Dunkeln! Lass uns das Rennen zusammen ansehen."
Marcel antwortet: „Das ist kein Fehler. Wenn es bei uns 4.00 Uhr ist, ist es in Australien schon viel später!"

Wie kommt es, dass auf der Erde an verschiedenen Orten unterschiedliche Uhrzeiten sind? Die Erde dreht sich innerhalb eines Tages (24 Stunden) einmal um sich selbst. Während der Erddrehung wird immer nur eine Hälfte der Erde von der Sonne beschienen. Dort ist es Tag. Auf der anderen Seite ist es Nacht.

221.1 Die Erde um 6.00 MEZ.

221.2 Die Erde um 12.00 MEZ.

> Die Erde dreht sich innerhalb eines Tages einmal um sich selbst.
> Dabei dreht sie sich von West nach Ost (gegen den Uhrzeigersinn).

1. Stell einen Globus auf den Tisch und beleuchte ihn mit einer Taschenlampe. Drehe den Globus langsam (denke dabei an die richtige Richtung). Erkläre die Entstehung von Tag und Nacht.

2. Erkläre, warum die Aussage „Die Sonne geht auf!" eigentlich falsch ist.

3. Überlege: Was würde passieren, wenn sich die Erde nicht drehen würde?

222 ●●● Die Erde ist eine Kugel

Ein **Globus** ist eine verkleinerte Nachbildung der Erde.
Der Globus ist an zwei Stellen an einem Gestell befestigt:
Diese Punkte sind der Nordpol und der Südpol der Erde.

Der **Äquator** ist eine gedachte Linie. Er teilt die Erde in zwei gleiche Hälften: Die Nordhalbkugel und die Südhalbkugel.

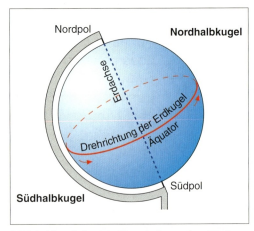

222.1 Vereinfachte Darstellung des Globus.

Wir bauen ein Modell vom Globus

Du brauchst: 1 Luftballon, blaues Transparentpapier, Tapetenkleister, Gummiband, Holzstab, Korken

1. Rühre den Tapetenkleister nach der Anweisung auf der Packung an.
2. Puste den Luftballon auf. Er sollte möglichst rund sein.
3. Reiße das Transparentpapier in 5 bis 10 cm lange Stücke.
4. Streiche Kleister auf die Transparentpapierstücke und klebe sie auf den Luftballon (ungefähr 5 Lagen übereinander).

Lass den Luftballon nun gut durchtrocknen. Das dauert einige Tage.

5. Markiere den Nordpol und den Südpol.
6. Zeichne den Äquator ein. Nimm hierzu ein Gummiband und spanne es mitten um die Kugel. Ziehe mit einem dicken Filzstift eine Linie entlang des Gummibandes.
7. Beschrifte die Nord- und die Südhalbkugel.
8. Schneide den Korken durch. Bohre den Holzstab durch eine Hälfte, dann durch den Globus an Nord- und Südpol, zuletzt durch die zweite Hälfte des Korkens.
9. Nun kannst du den Globus aufstellen. Nimm hierzu eine Pappschachtel und bohre den Deckel für den Holzstab durch.

Tipp: Schneide aus einer Kopie einer Weltkarte die Kontinente aus und klebe sie auf deinen Globus. Achte darauf, dass die Größe ungefähr stimmt.

Auf einem Globus erkennst du, dass es auf der Erde mehr Wasserflächen als Landflächen gibt. Das Festland wird in **Kontinente** gegliedert. Auf der Nordhalbkugel liegt mehr Land als auf der Südhalbkugel.
Die Kontinente werden von den **Ozeanen** umgeben.

Die Erdoberfläche misst insgesamt 510 Millionen km².
Davon sind 361 Mio km² Wasser und 149 Mio km² Land.

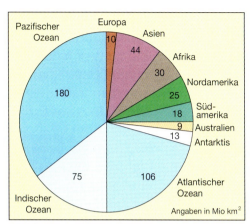

223.2 Dieses Kreisdiagramm zeigt die genaue Verteilung der Erdoberfläche.

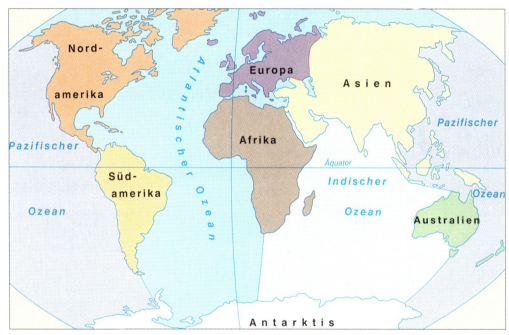

223.1 Kontinente und Ozeane.

 1. Schreibe die sechs Kontinente und die drei Ozeane auf. Beginne mit dem größten Kontinent und dem größten Ozean.

 2. Welche Kontinente liegen ganz oder überwiegend auf der Nordhalbkugel?

 3. Durch welche Kontinente geht der Äquator?

224 ●●● Unser Wetter

Über das Wetter lässt sich streiten! Jeder hat etwas anderes vor und wünscht sich das dazu passende Wetter. Doch können wir das Wetter nicht ändern. Wir müssen uns nach ihm richten!

Hier siehst du eine Wetterstation. Eine Wetterstation sammelt verschiedene Daten, die das Wetter ausmachen, z. B. Temperatur, Luftdruck, Wind, Niederschlag und Bewölkung.

224.1 Eine Wetterstation.

> **WETTER**
> ist das Zusammenwirken von
> **Bewölkung**
> **Wind**
> **Niederschlag**
> **Temperatur**
> **Luftdruck**
> an einem bestimmten Ort.
> Wetter lässt sich messen!

Schlage nach im Internet unter:

www.donnerwetter.de

Hier findest du Vorhersagen, Berichte etc.

 1. Sammle Wettervorhersagen für heute aus verschiedenen Zeitungen, Radio und Fernsehen. Vergleiche.

 2. Schreibe deinen eigenen Wetterbericht für heute.

 3. Wie sieht dein Wunschwetter für morgen aus?
Überlege: Wie sieht das Wunschwetter für folgende Personen aus: Eisverkäufer, Skiläufer, Taxifahrer, Freibadbesucher, Gärtner.

Niederschlag

Niederschlag gibt es in verschiedenen Formen. Mal freuen wir uns, z. B. wenn im Winter der erste Schnee fällt. Manchmal ärgern wir uns über Niederschlag, wenn unser Freibadbesuch verregnet ist. Andere Formen des Niederschlags sind Hagel, Nebel und Tau. Niederschlag kann man mit einem Regenmesser auffangen und messen. So ermittelt man die Niederschlagsmenge. Einen Regenmesser kann man aus einfachen Gegenständen selbst bauen. Überlegt, an welchem Platz ein Regenmesser aufgestellt werden kann.

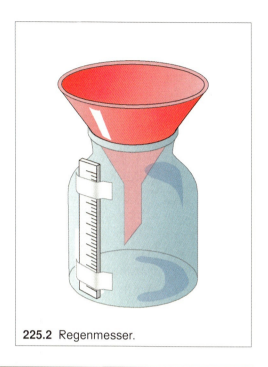

225.2 Regenmesser.

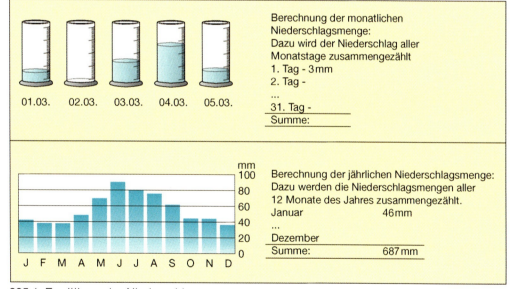

225.1 Ermittlung der Niederschlagsmenge.

 1. Baut einen Regenmesser. Schreibt jeden Tag die Menge des Niederschlags auf. Notiert auch die Art des Niederschlags.

 2. Zusammen mit einem Thermometer könnt ihr nun eine eigene kleine Wetterstation einrichten und euer Wetter beobachten.

Klimazonen auf der Erde

Über das Klima lässt sich nicht streiten.
Meteorologen tragen Daten zusammen und vergleichen sie über einen langen Zeitraum, z. B. 30 Jahre. Damit beschreiben sie das Klima.

Unter Klima versteht man das Zusammenwirken der Wettererscheinungen über längere Zeit. Davon hängt ab, was in einem Gebiet wachsen kann. Wir wissen durch das Klima, mit welchem Wetter zu rechnen ist.

Aus einer Niederschlags- und einer Temperaturkurve wird ein Klimadiagramm erstellt.

Ein Klimadiagramm hilft z. B.:
- Wenn du wissen möchtest, wie warm es an deinem Urlaubsort voraussichtlich ist.
- Wenn du Obst oder Gemüse im Garten pflanzen möchtest und herausfinden willst, welche Sorten sich für deine Gegend eignen.
- Wenn du wissen willst, ob es für die Jahreszeit zu nass oder zu kalt ist.

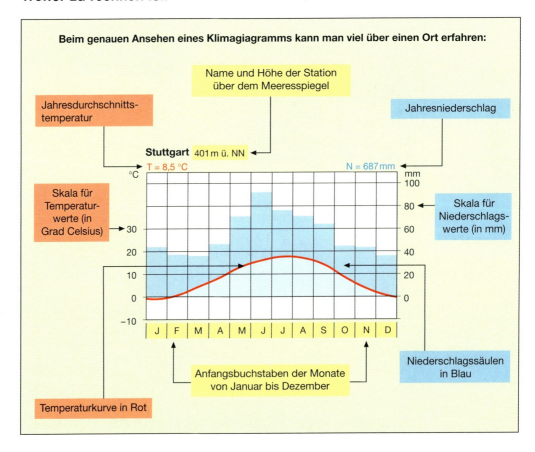

 1. Gibt es in eurer Nähe eine Wetterstation? Fragt dort nach Wetterdaten für euren Wohnort. Vielleicht könnt ihr die Wetterstation auch besuchen.

Die Klimazonen der Erde:
Die **tropische Zone**, die **gemäßigten Zonen** und die **Polarzonen**.

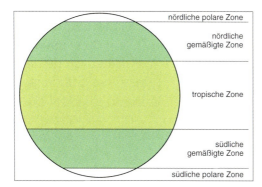

227.1 Auf Grönland.

In der tropischen Zone ist es das ganze Jahr sommerlich warm. In den Polarzonen bleibt es auch im Sommer eisig.
Das hängt damit zusammen, dass die Sonnenstrahlen im Laufe eines Jahres mehr oder weniger schräg auf die Erdoberfläche treffen. Je steiler die Sonnenstrahlen auftreffen, desto größer ist die Erwärmung, je schräger die Sonnenstrahlen auftreffen, desto geringer.

227.2 Am Amazonas.

Kilimandscharo:
Höchster Berg Afrikas (5895 m)

Diese Einteilung stellt aber nur ein Modell dar. Das Klima bestimmen weitere Bedingungen: Windrichtung, Höhenlagen usw. So gibt es auch in der tropischen Zone Gegenden, in denen es kalt werden kann, z. B. auf dem Kilimandscharo.

227.3 Oklahoma in den USA.

1. Ordne die Fotos den verschiedenen Klimazonen zu.

2. Suche im Atlas folgende Gegenden und überlege, zu welchen Klimazonen sie gehören: Alaska, Frankreich, Indien, Japan, Mexico.

Leben in der Wüste

„Die Salzkarawane der Kel-Aïr Tuareg zieht dem Ort Bilma entgegen. 500 km Sand, nichts als Sand.

Bei Temperaturen von über 40 Grad sehne ich mich nach Schatten. Mit einem 5 m langen Tuch habe ich meinen Kopf eingehüllt. Aber auch das ist nur ein schlechter Schutz, besonders gegen die häufigen Sandstürme, die immer wieder Mensch und Tier mit Staub überschütten. Seit zwei Tagen weiß ich, dass Wasser Leben ist. Meine Lippen sind aufgeplatzt, die Zunge liegt wie ein trockener Kloß im Gaumen.

Seit unserem Aufbruch sind wir täglich 60 bis 70 km unterwegs, den größten Teil zu Fuß. Von morgens um 6 Uhr bis abends um 10 Uhr zieht unsere Karawane ohne einen Halt durch die Wüste.

Mit der Dunkelheit kommt auch die Kälte.

Futter und Vorräte für einen Monat müssen mitgeführt werden sowie Wasser in Schläuchen aus Ziegenfell.

Müde und völlig erschöpft erreichen wir nach 8 Tagen Bilma. Neben klarem Wasser quillt hier auch eine Salzlauge aus dem Boden. Salz, der Grund für unsere entbehrungsreiche Reise."

(aus: Frankfurter Rundschau vom 29.12.1986, S. 19 f., gekürzt)

Für uns ist Wasser selbstverständlich. Es fließt aus der Leitung oder regnet vom Himmel. Für die Bewohner der Sahara, der größten Wüste der Erde, ist Wasser sehr kostbar. Nur ein kleiner Teil der Sahara ist Sandwüste. Der Rest besteht aus Felswüste oder Kieswüste. In der Sahara regnet es sehr selten, in manchen Gebieten nur ungefähr alle 10 Jahre.

Für die Menschen sind die hohen Temperaturen am Tage und die Trockenheit schwer zu ertragen. Sie müssen am Tag 6 bis 8 Liter Flüssigkeit trinken! Sie hüllen sich in weite Gewänder, um das Gesicht und den Körper vor der Sonneneinstrahlung zu schützen.

228.1 Karawane in der Sandwüste.

1. Suche im Atlas weitere Wüstengebiete auf der Erde.

2. Schlage im Lexikon nach: Wie groß ist die Sahara?

Sahelzone:
Gebiete im Süden der Sahara

Die Wüste wächst

Immer mehr Fläche am Südrand der Sahara wird zur Wüste. Die Sahara „wandert" nach Süden. In diesem Gebiet sind viele Menschen vom Hungertod bedroht. Es umfasst mehrere Staaten und wird Sahelzone genannt.

Mehrere Jahre hindurch fiel sehr viel weniger Regen als normal. Früher konnten die Nomaden diese Zeiten überstehen. Doch in den letzten 30 Jahren hat sich einiges im Leben der Nomaden verändert: Es sind viele Tiefbrunnen gebaut worden. Da diese Brunnen nicht so schnell austrocknen, konnten die Nomaden länger an einer Stelle bleiben und ihre Viehherden vergrößern. Das Weideland reichte jedoch nicht für so viele Tiere – die Tiere fraßen die Weiden kahl. Neues Gras hatte keine Zeit nachzuwachsen.
Gleichzeitig nahm die Zahl der Menschen, die in der Sahelzone leben, zu.

> Die Menschen brauchen zum Kochen und Bauen Holz.
> Eine Familie verbrennt in einer Woche einen Strauch oder mittelgroßen Baum.

229.1 Ziegen fressen Bäume kahl.

229.2 Überweidung durch Ziegen.

229.3 Der Einsatz eines Solarkochers kann die Ausbreitung der Wüste verringern.

1. Suche im Atlas Staaten, die im Bereich der Sahelzone liegen.

2. Überlege, welche Handlungen der Menschen zur Ausweitung der Wüste beitragen.

230 ●●● Erdöl – das schwarze Gold

Erdöl ist ein sehr wichtiger Rohstoff. Viele Produkte werden aus Erdöl hergestellt. Außerdem ist es eine wichtige Energiequelle.

230.1 Diese Produkte haben alle etwas gemeinsam. Man braucht Erdöl, um sie herzustellen.

Erdöl ist aus kleinen Tieren und Pflanzen entstanden, die vor Millionen Jahren im Meer lebten.

Die abgestorbenen Tiere und Pflanzen sanken auf den Meeresboden. Sand und Gesteinsschichten lagerten sich dick darüber ab und pressten die Tiere und Pflanzen zusammen. Durch diesen starken Druck und Hitze verwandelten sie sich langsam in Erdöl.

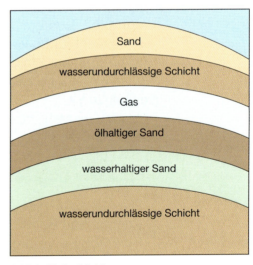

230.2 Erdschichten.

1. Beschreibe die Entstehung von Erdöl mit deinen Worten.

2. Stell dir vor: Du wachst morgens auf und es gibt kein Erdöl mehr. Auch alle Produkte, zu deren Herstellung Erdöl gebraucht wurde, sind verschwunden. Berichte einem Mitschüler über dein Leben ohne Erdöl.

Saudi-Arabien

Staat in Asien
Hauptstadt: Riad
Einwohner: 20 Millionen

Saudi-Arabien ist der größte Erdöllieferant der Welt. Das Land verdient sehr viel Geld mit dem Verkauf von Erdöl.

Jahrzehnte haben die Menschen so gelebt, als wären die Erdölvorräte unendlich. Doch das ist nicht so. Deshalb muss man sich nach neuen Energiequellen umsehen.

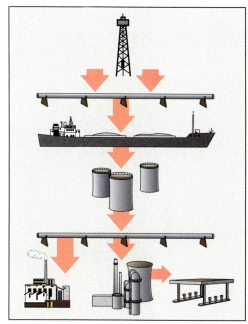
231.2 Der Weg des Erdöls.

231.1 Sonnenkollektoren.

231.3 Windräder.

1. Auf einigen Karten im Atlas sind Erdölvorkommen eingezeichnet. Schreibe Länder heraus, in denen es größere Erdölvorkommen gibt.

2. Beschreibe den Weg des Erdöls bis zu uns.

3. Überlege, warum Erdöl auch schwarzes Gold genannt wird.

4. Sammle Vorteile und Nachteile von Sonnen- und Windkraftwerken gegenüber Erdöl.

Gold aus Südafrika

232.1 Minenarbeiter in einer Goldmine in Südafrika.

Gold ist einer der wertvollsten Rohstoffe. Es wird in Goldminen gewonnen. Moses Mgunwa aus Südafrika arbeitet in Freegold, der größten Goldmine der Welt.

Er berichtet über seine Arbeit:

„Ich arbeite seit mehr als 10 Jahren in der Goldmine. Die Arbeit ist sehr anstrengend. Das Gold liegt fast 4000 m unter der Erde. Die Schächte sind sehr eng, es ist über 30 Grad warm und die Luft ist sehr feucht.
Ohne die großen Klimaanlagen, die die Luft abkühlen, könnten wir es unter Tage gar nicht aushalten. Ich bohre mit dem Presslufthammer Löcher für Sprengstoff in den Stollen. Anschließend wird das losgesprengte Gestein (Erz) nach oben befördert und weiterverarbeitet.
Ich bin froh, dass ich meinen Job noch habe. Der Goldpreis ist vor einigen Jahren stark gesunken. Außerdem enthält das Erz immer weniger Gold, so dass die Gewinnung von Gold immer teurer wird.

Zur Zeit arbeiten noch ungefähr 350 000 Menschen in Südafrika im Goldbergbau. Vor 15 Jahren waren es noch mehr als eine halbe Million. In der nächsten Zeit sollen weitere Arbeitsplätze gestrichen werden."

Südafrika
Staat an der Südspitze Afrikas
Hauptstadt: Pretoria
Einwohner: 40 Millionen

Südafrika erzeugt das meiste Gold der Welt. Es gibt aber auch noch viele andere Rohstoffe in Südafrika.

In Südafrika sind mehr als 80% der Menschen Schwarze oder Farbige. Bis 1991 galt die „Apartheidpolitik", eine Trennung zwischen Farbigen und Weißen. Die weiße Minderheit hatte die Herrschaft über das Land. Farbige durften nur in bestimmten Gebieten wohnen und kein Land besitzen. 1992 wurden die Apartheidgesetze abgeschafft. 1994 wurde eine neue Regierung gewählt. Präsident wurde Nelson Mandela.

Das Gold findet sich in der Erde nicht so, wie wir es als Ring oder Kette kennen.
Das goldhaltige Gestein wird zuerst zu Pulver zermahlen. Dann wird es mit Chemikalien und Wasser vermischt, gefiltert und schließlich geschmolzen. So entsteht Rohgold.

Um eine Feinunze (= 31,1 Gramm) Gold herzustellen, benötigt man:

ungefähr 3000 kg Erz, 5000 Liter Wasser, 600 Kilowattstunden Strom, dazu Pressluft, jede Menge Sprengstoff und tonnenweise Chemikalien.

Das Rohgold wird zu Goldbarren gepresst.
Reines Gold ist für Schmuck viel zu weich. Deshalb wird es mit Kupfer oder Silber vermischt.

233.1 Ein Goldbarren.

 1. Suche Südafrika im Atlas. Welche anderen Rohstoffe kommen in Südafrika vor?

 2. Suche andere Länder mit größeren Goldvorkommen.

 3. Erkundige dich nach dem aktuellen Preis für eine Feinunze Gold. (Du findest ihn in den meisten Tageszeitungen im Wirtschaftsteil.)

Die Erde – eine Welt?

Jugendliche leben in verschiedenen Staaten ganz unterschiedlich.

Julienne zum Beispiel, ist 14 Jahre alt. Sie lebt in einem Mädchenheim in Burkina Faso.

Sie erzählt:

„Meine Eltern wollten mich mit einem 60 Jahre alten Mann verheiraten. Als ich mich weigerte, drohten sie, mich aus der Familie auszuschließen. Ich bin dann geflohen und zum Glück hat mich das Mädchenheim aufgenommen.

In unserem Heim leben 20 Mädchen. Wir dürfen hier höchstens ein halbes Jahr bleiben.

In dieser Zeit wird die Versöhnung mit unseren Familien gesucht. Wenn das nicht klappt, muss mir das Gericht helfen und die Zwangsheirat verbieten.
Ich hoffe, dass meine Familie mich wieder aufnimmt. Während der Zeit im Heim lernen wir eine ganze Menge: Lesen, Schreiben, Handarbeit, Weben, Färben. Hygiene und Gartenbau."

234.1 Julienne.

Viele Organisationen leisten seit Jahrzehnten Entwicklungshilfe, um die Lebensbedingungen von Menschen in armen Ländern zu verbessern. Dennoch ist der Unterschied zwischen reichen und armen Ländern immer größer geworden. Das liegt vor allem an der schnell wachsenden Bevölkerungszahl. Trotzdem ist Entwicklungshilfe wichtig. Wir können nicht tatenlos zusehen, wie Millionen Menschen verhungern!
Schlechte Lebensbedingungen können zu Unruhen und Kriegen führen. Außerdem bekommen wir aus diesen Ländern viele Rohstoffe, die für uns sehr wichtig sind.

 1. Versetze dich in die Lage von Julienne. Überlege: Warum wollen ihre Eltern sie mit einem Mann verheiraten, den sie nicht einmal kennt? Wie würdest du reagieren? Spiele ein Gespräch zwischen Julienne und ihren Eltern nach.

 2. Erkundige dich nach Entwicklungshilfeorganisationen und deren Projekten (Internet, Kirche, Tageszeitung usw.). Wie kannst du helfen?

Burkina Faso
Staat in Westafrika
Hauptstadt: Ouagadougou
Einwohner: 11 Millionen

Burkina Faso ist eines der ärmsten Länder der Welt und liegt in der Sahelzone.

Burkina Faso ist ein Binnenstaat, ohne Zugang zum Meer. Über 80% der Menschen arbeiten in der Landwirtschaft. Die Sahara breitet sich ständig weiter aus und Regen fällt nur sehr selten. Hunger, Unterernährung und hohe Kindersterblichkeit sind die Folgen. Viele Menschen flüchten in die Städte, aber es gibt nicht genug Essen, Arbeit und Wohnraum für alle. Die Bevölkerung verdoppelt sich ungefähr alle 25 Jahre. Für die Kinder ist es nicht selbstverständlich lernen zu dürfen, denn Schulen kosten Geld.

BSP:
Die Summe aller volkswirtschaftlichen Leistungen in einem Jahr und in einem Land

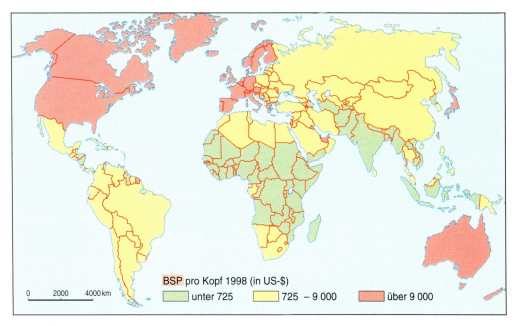

231.1 Wohlhabende und arme Länder.

1. Suche Burkina Faso im Atlas. Schreibe die Nachbarstaaten auf.

2. Suche im Text nach Merkmalen von Entwicklungsländern.

3. Nenne Länder, die mehr als 9 000 Dollar (bzw. weniger als 725 Dollar) pro Kopf (BSP) erwirtschaften. In welchen Kontinenten liegen die reichen, in welchen die armen Länder?

Die Vereinten Nationen

UNO:
Internationale Organisation, der heute 188 Staaten angehören. Nach dem Zweiten Weltkrieg gegründet

Die meisten Staaten der Erde haben sich zu einer Organisation zusammengeschlossen, den **Vereinten Nationen (UNO)**.

Ihre Ziele sind:
- Wahrung des Weltfriedens und der internationalen Sicherheit
- freundschaftliche Beziehungen unter den einzelnen Nationen
- sozialer Fortschritt
- besserer Lebensstandard
- Förderung der Menschenrechte.

UNICEF ist das Kinderhilfswerk der Vereinten Nationen, das sich weltweit für das Wohl von Kindern einsetzt, die unter Krieg und Gewalt leiden.
UNICEF startet viele Aktionen, z. B. gegen Landminen und gegen Kleinwaffen.

236.1 UNO-Gebäude in New York.

Unter www.unicef.de findest du Beschreibungen der laufenden Aktionen. Auch ihr könnt euch beteiligen, schaut mal rein!

Milleniumsgipfel

Programm gegen Armut und Aids, für Umwelt und Ausbildung

New York – Das Gipfeltreffen der mehr als 150 Staats- und Regierungschefs in New York hat in seiner Abschlusserklärung konkrete Ziele für die nächsten Jahrzehnte festgelegt. Zugleich beschloss der Weltsicherheitsrat die Krisenbewältigung zu verbessern.
Die Zahl der Slums soll verringert werden, die Zahl der Armen halbiert werden. Gegenwärtig verdient mehr als eine Milliarde Menschen weniger als einen Dollar am Tag. Der Aids-Virus soll zum Rückzug gezwungen, der Ausstoß von Treibhausgasen verringert werden und alle Kinder auf der Welt sollen eine Grundausbildung erhalten. Die Zieldaten liegen zwischen 2005 und 2015.
(aus: Kölner Stadt Anzeiger, v. 9./10. 9. 2000)

1. Sammle aus Zeitungen Artikel, die über die UNO berichten.

2. Im Internet findest du unter www.uno.de eine Liste aller Mitgliedsländer mit ihrem jeweiligen Aufnahmedatum. Sieh mal rein.

Kompakt: Eine Reise zu den „Weltrekorden" ● ● ● 237

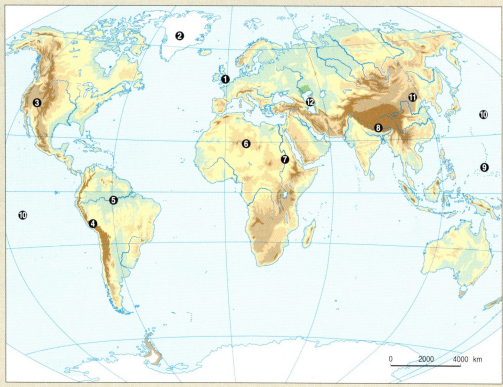

237.1 Nimm einen Atlas und suche die Namen der Stationen.

❶ Größte Stadt auf der größten europäischen Insel

❷ Größte Insel der Erde (ungefähr sechsmal so groß wie Deutschland)

❸ Größte Schlucht der Erde (bis 1 800 m tief)

❹ Längstes Gebirge der Welt (8 000 km)

❺ Wasserreichster Fluss der Erde

❻ Größte Wüste der Erde

❼ Längster Fluss der Erde (6 671 km)

❽ Höchster Berg der Erde (8 848 m)

❾ Größte Meerestiefe der Erde (11 022 m)

❿ Größter Ozean

⓫ Längste Mauer der Erde

⓬ Größter See der Erde

Chinesische Mauer Mariangraben Amazonas Anden Grand Canyon Grönland London Pazifischer Ozean Kaspisches Meer Nil Sahara Mount Everest

Personen- und Sachverzeichnis

(Die Abkürzungen bedeuten:
f: und folgende Seite,
ff: und mehrere folgende Seiten)

Ablass 60f, 64f
Absolutismus 114, 137
Apartheid 233
Äquator 222
Arbeiteraufstand (17. Juni 1953) 171
Arbeiter- und Soldatenrat 140
Arbeitsamt 94
Arbeitslosengeld 108f
Arbeitslosenhilfe 108f
Arbeitslosigkeit 176
Auschwitz 160, 163
Ausländer 36f

Bauernkrieg 66ff
Berliner Mauer 173
Betrieb 95f
Betriebspraktikum 90f
Betriebsrat 97
Bewerbung 95
Bismarck, Otto von 126
Buchdruck 76
Bundesrepublik Deutschland (BRD) 169, 172f, 177
Bruttolohn 100
Bundeskanzler 180, 186, 188
Bundesländer 189
Bundespräsident 188
Bundestag 186ff

Dampfmaschine 102f
Deutsche Demokratische Republik(DDR) 169, 171, 173f
Demokratie 186ff
Drogen 82f
Duales System 96

Ebert, Friedrich 142

Edelweißpiraten 154f
Elektronische Medien 80f
Entwicklungshilfe 234f
Erdöl 230f
Erster Weltkrieg 140
Euro 203
Europa 200ff
Europäische Union (EU) 202f
Evangelisch 58f, 62ff

Familie 30ff
Freizeit 76ff
Französische Revolution 117f, 156, 169, 200, 203, 215

Gericht 73, 121, 193f
Gestapo (Geheime Staatspolizei) 152ff
Gewalt 38ff
Gewerkschaft 99, 107
Globus 222
Gold 232
Gorbatschow, Michail 175, 205
Grundgesetz 182f
Grundrechte 183

Hakenkreuz 150
Hallig 209
Hexenprozess 72f
Himmler, Heinrich 152
Hitler, Adolf 148ff, 162f, 184
Hitlerjugend (HJ) 150
Holocaust 164

Indianer 46, 48ff
Industrielle Revolution 104f

Kalter Krieg 170f
Kapitalismus 170f
Katholisch 58f
Kinderschutzbund 38
Klima 226f

Klimazonen 226f
Kohl, Helmut 175
Kolumbus, Christoph 44, 56
Kommunismus 170f
Kontinente 233
Konzentrationslager (KZ) 152f, 160
KPD 146, 148, 153f, 169
Kredit 22f
Kriminalität 195

Leibeigene 66f
Lenin, Iljitsch 170f
Luther, Martin 61ff, 74

Marx, *Karl* 170ff
Marxismus 149
Maßstab 206
Mehrheit, absolute 186
Menschenrechte 120f
Miete 10ff
Mieterschutzbund 19
Mitwirkung 97

Napoleon 122ff
Nationalversammlung 144
NATO 169
Nettoeinkommen 20f, 100
Niederschlag 224ff
NSDAP 146, 148

Obdachlosigkeit 42
Opposition 186
Ozean 223

Papst 60, 62f, 65
Parteien 149, 186f
Planeten 220
Proletarier 170

Ratenkauf 23
Rechtsradikale 164, 184f

Reformation 62ff
Reichstag 148f
Reichspräsident 142, 146, 148

Scheidemann, Philipp 140f
Schulden 24f
SED 171f
Sklaverei 54f, 158ff
Sonnensystem 220
Soziale Frage 106
Sozialhilfe 109
Sozialwohnung 11, 14
SPD 140f, 154, 171, 186f
Staat 190
Stasi (Staatssicherheit) 171
Stände 116f
Steuern 190f
Straftat 194

Travois 49
Trümmerfrauen 168

UdSSR 156, 158, 169
Umweltschutz 88
UNO 120f
USA 52f, 56, 169, 171

Versailles 112ff, 126
Versicherungen 26ff

Wahlen 125, 142, 144f, 148, 174
Warft 209
Warschauer Pakt 169
Weimarer Republik 146f
Weimarer Verfassung 142, 144, 149
Weltwirtschaftskrise 146
Wetter 224f
Wiedervereinigung 175
Wohnberechtigungsschein 14
Wohngeld 14
Wüste 228f

Bildquellenverzeichnis

AC Press, Hamburg: **37 M.r.**; action press, Frankfurt/M.: **42, 212 M.**; AKG, Berlin: **47.1, 57 o., 61.1, 61.2, 70.1, 75 (2), 73.2, 75 o., 106.1, 112 u.l., 112 u.r., 112/113, 115 o.l., 123.1, 126.1, 128 M., 128 u., 132.1, 139 o., 139 u., 146.1, 148.2, 170.2**; Amon Carter Museum, Fort Worth/Texas: **48.1**; Amtsfeld, Umkirch: **214 M.r.**; Anlaufstelle für sexuell missbrauchte Mädchen, Hannover: **39**; Archiv Gerstenberg, Wietze: **130.2, 134.2, 148.1, 148.3, 156.2**; Archiv Mehrl, Maintal: **227.2**; Artothek, Planegg: **60.1**; Astrofoto, Leichlingen: **218 o.**; **219.2**; Aus: Arbach, L. u.a.: Der deutsche Bauernkrieg 1525. Ein Puppenspiel mit Musik. Dortmund 1988: **68.1, 68.2**; Aus: Callot, J.: Die Großen Schrecken des Krieges, 1633: **71.2**; Aus: Das Buch des Alfred Kantor. Vorwort v. Friedrich Heer. Übers. v. Johannes Eidlitz. Frankfurt/M.: Jüdischer Verlag bei Athenäum 1987. Abb. 35. 1971 by Alfred Kantor und John Wykert.: **163.1**; Aus: Der Krieg gegen die Sowjetunion 1941–1945. Hrsg. v. Reinhard Rürup. Berlin: Argon 1991. Abb. 50. Berliner Festspiele GmbH 1991: **158.1, 158.2**; Aus: Lebendige Geschichte. Römer, Ägypter und Indianer und ihre Welt. Nürnberg: Tessloff 2000. S. 44, 44/45 Two-Can Publishing Ltd. 1995. Foto: Jon Barnes: **49 l., 49 u**; Aus: Schule im Dritten Reich – Erziehung zum Tod? Eine Dokumentation. Hrsg. v. Geert Platner und Schülern der Gerhart-Hauptmann-Schule in Kassel. München: dtv 1983. S. 264: **157.3**; Aus: Stammel, H.J.: Indianer. Legende und Wirklichkeit von A-Z. München: Orbis 1992. S. 135 o., 150 Bertelsmann Lexikon Verlag, Gütersloh/Berlin: **49.1, 51.2**; Aus: Vaxelaire, D./Faure, M.: Der Sohn des Adlers, Heft 1. Zelheim/NL: Arboris 1988.S. 13 ff.: **120 B1–B7**; Aus: Weber-Kellermann, Ingeborg: Die Familie. Frankfurt/M.: Suhrkamp 1974. S. 162, Abb. 184a: **128 o.**; Aust, Hannover: **76 u.r.**; Ballhause, Plauen: **147**; Bavaria, Gauting: **214 o.l., 214 u.r., 216 o.l.**; Betz, Prevorst: **210 u.r.**; Bildarchiv Foto-Marburg, Marburg: **67.2**; Bofinger, Berlin: **82, 169, 171 u., 181 o.r., 181 u.**; BPK, Berlin: **46.1, 52.1, 55 o., 65 o.l., 66.2, 75 (6), 75 (5), 71.1, 73.1, 86, 105.2, 114 M., 117.1, 122.1, 122.2, 125.1, 138 o., 138 u.** (A. P. Weber, Das Verhängnis, © VG Bild-Kunst, Bonn), **139 M., 140.1, 146.2, 156.3, 161.1** (Sammlungen Mahn- und Gedenkstätte, Ravensburg), **165 u., 170.1**; Bulls Press, Frankfurt/M.: **81 o.**; Bundesarchiv Koblenz/: **159.1** (ADN-Zentralbild), **141 M.**; Bundesbildstelle, Bonn: **175 M.r., 216 M.r.**; CCC, München: **38** (Mester), **101 M.** (Wolter); Cinetext, Frankfurt/M.: **127.1**; DIZ, München: **55 u., 107.2, 116.1, 130.1, 134.1, 135.2, 145 o.r., 151.1, 152.1, 155 o.r., 157.2, 160.1, 161.2, 168.2, 172.1, 173.1, 173.4, 177.4** (Oed); DLR, Oberpfaffenhofen: **218 u.**; dpa, Frankfurt/M.: **40 o.r., 160.2, 166/167, 171.1, 172.2, 175 o.l., 175 o.r.; 174.1, 175 M.r., 201 u.r., 176.1, 176.2, 182 u.l., 182 M., 184 o., 196/197, 201 u.M., 201 o.l., 202 o.l., 205 u.r., 210 o.l., 210 u.l., 213, 215, 231.1, 233.1**; EG Solar e.V., Altötting: **229.3**; Fabian, Edemissen: **8 M., 17 l., 18.1, 18.2, 18.3, 18.4, 31 o.r., 31 u.l., 31 u.r., 32 o., 32 M., 34 l., 34 r., 35 o.r., 35 M.l., 37 o.l., 37 M.l., 40 o.M., 59 u., 76 o.l., 76 u.l., 77 M.l., 77 M.r., 77 u.r., 78 l., 78 r., 80 A, 80 B, 80 C, 80 D, 83, 84 o.l., 84 o.r., 84 M.l., 85 o., 85 M., 90 o.r., 90 M.l., 90 M.r., 90 u.l., 90 u.r., 91 o.M., 91 o.r., 91 M.l., 91 M.r., 91 u., 92, 93, 94, 95 o.l., 95 o.r., 96 o.l., 96 o.r., 96 M., 97 o., 97 M., 98 r., 99 r., 99 u.M., 100 r., 109, 180 o., 216 M.l., 234.1**; Fiat AG, Frankfurt/M.: **23 r.**; Fischer, Hannover: **30 o.r., 31 o.l., 36 o.r., 182 o., 182 u.r.**; FRD Güttler, Berlin: **47.2, 53.1, 64.1, 124.1, 124.2, 157.1, 162.1, 174.1, 189, 198/199, 204 o.r., 204 M., 207 o., 207 M., 211 M., 214, 223.2, 233 o., 235.1, 237.1**; Globus Kartendienst, Hamburg: **176 u.r.**; Gollon, Herxheim: **84 M.r., 84 o.M.**; Griese, Hannover: **102**; Gutenberg-Museum, Mainz: **74.1**; Hahn, Kelkheim/Ts.: **208 o., 208 u., 209**; Härle, Wangen: **202 u.l.**; Haus der bayerischen Geschichte, Augsburg: **168.1**; Heidolph, Eching: **14 l., 14 r., 98 M., 99 o., 99 u., 133.1, 142 u., 149.1, 150.1, 184 u., 187.2, 194 o., 194 u., 206 u.r., 212 u.l., 212 u.r., 219.1, 220 l., 221 o., 221 u., 222.1, 223.1, 225.1, 225.2, 226, 230.2, 231.2**; IMA Hannover: **104.3**; Innenministerium, Bonn: **43**; Internationales Zeitungsmuseum, Aachen: **166 o.**; Jürgens, Berlin: **77 o., 174.2**; Keystone, Hamburg: **153.1 l.**; Klüppel, Gechingen: **101 o.**; Krupp GmbH, Essen: **107.1**; Labus/WAZ, Bottrop: **88 r.**; Landesbildstelle, Berlin: **144.1**; Langner, Hemmingen: **57 o., 75 o., 131.1, 137 o., 145 o.l.**; Libera, München: **216 o.r.**; Mager, Zell: **214 u.l.**; Mary Evans Picture Library, London: **54 o.l., 56.1**; Mauritius, Mittenwald: **90 o.l.** (Rosenfeld), **177.5** (Photri), **201 u.l.** (Kord), **201 o.r.** (Vidler), **203 o.r.** (Gritscher), **232.1** (Jossen); Minkus, Isernhagen: **30 o.l., 108**; Mitschke, München: **212 o.**; Möhle, Köln: **178/179**; Müller, Bartensleben: **44 M., 44/45, 65 o.r., 69.1, 69.2, 74 u., 115 o.l., 136 1–6, 177.1, 206 o.r., 206 M.r.**; Museum Berlin-Karlshorst: **158.1**; Museum der bildenden Künste, Leipzig: **62.1, 75 (4)**; Neue Presse, Hannover: **40 o.l.**; Nordrhein-Westf. Hauptstaatsarchiv, Düsseldorf: **154.2**; Nürnberger Nachrichten, Nürnberg: **88 o.l.**; Okapia, Frankfurt/M./Marco Polo Film: **36 o.l.**; Photohaus Hirsch/Wagner: **72.1, 75 (3)**; Photothèque des Musées de la ville de Paris, Musée Carnavalet: **114 o.**; Pilgrim Society, Massachusetts: **51.1**; Priestersbach, Münster: **10 o., 11, 17 r., 19 o., 19 M., 20 o., 22 o., 22 u., 23 l., 24, 28 o., 28 M., 56 u., 118, 180 u.r., 186 l., 190, 191, 192, 193 1–3, 197 o., 230.1**; Rijksmuseum, Amsterdam: **58/59, 75 (1)**; Schmidtke, Melsdorf: **224.1, 227.1, 229.1, 229.2, 231.3**; Schutzbach, Waldstetten: **33.1**; Spiegel-Verlag, Hamburg: **174.3**; Staatsarchiv, Münster: **154.1**; Städelsches Kunstinstitut, Frankfurt/M.: **104.1**; Stadt Düsseldorf, Vermessungs- und Katasteramt, Kontrollnr. 106 00: **8/9**; Stadtarchiv, Nürnberg: **104.4**; Stadtbibliothek, Nürnberg: **63.1**; Stöckle, Filderstadt: **131.2**; Succession Picasso/VG Bild-Kunst, Bonn **119.1**; Sven Simon, Essen: **37 o.r.**; Teepe, Osnabrück: **113 u.r.**; Thoden, Hannover: **202 M.r.**; Toucan Books Archive: **50.1**; Tündermann, Hannover: **77 u.l.**; Ullstein, Berlin: **104.2, 124.1, 133.2, 140.2, 151.2, 155 o.l., 156.1, 164.1, 166 u.M., 172.3, 173.2, 173.3, 177.3**; United Feature Comp.: **81 M.**; Verkehrsmuseum, Nürnberg: **105.3**; VG Bild-Kunst, Bonn/amnesty international: **119 r.**; Visum, Hamburg: **88 M.**; Wessel-Schulze, Hemmingen: **91 o., 166 u.r.**; Westermann Verlag, Braunschweig: **105.1**; Wrba, Sulzbach: **236.1**; Zefa, Düsseldorf: **30 u.** (Lanz), **76/77**.

Trotz entsprechender Bemühungen ist es nicht in allen Fällen gelungen, den Rechteinhaber ausfindig zu machen. Gegen Nachweis der Rechte zahlt der Verlag für die Abdruckerlaubnis die gesetzlich geschuldete Vergütung.